旅行社计调业务
(第3版)

范 贞 主 编

张东娜 陈洪宏 刘宏申 副主编

清华大学出版社
北京

内 容 简 介

本书由计调岗位认知、计调工作流程、中国游计调、国际游计调4个情境组成。情境的设置由简单到复杂，由一般到特殊，每一个情境都体现了完整的旅行社计调岗位工作过程。

情境一计调岗位认知，主要是认知计调工作，介绍计调人员应具备的基本素质、计调岗位职责及工作要求和计调人员礼仪。

情境二计调工作流程，主要介绍旅游产品设计的原则、内容和流程，旅行社产品定价和计调工作流程，组团社的计价和报价方式，发团业务的主要工作流程，地接社计调和报价方式，接团业务的主要工作流程。这一情境是为以后两个情境的学习和实践打下坚实基础的。

情境三与情境四，分别对中国游、国际游计调的工作程序、工作内容进行介绍，让学生边学边做，做到"教、学、做"一体化。

本书既可作为高等院校旅游管理专业的教材，也可作为相关从业人员的参考书。

图书在版编目(CIP)数据

旅行社计调业务 / 范贞主编. -- 3 版. -- 北京：清华大学出版社，2025. 2.

ISBN 978-7-302-68185-4

Ⅰ. F590.63

中国国家版本馆 CIP 数据核字第 2025S44L86 号

责任编辑：孟　攀
装帧设计：杨玉兰
责任校对：徐彩虹
责任印制：宋　林
出版发行：清华大学出版社
  网　　　址：https://www.tup.com.cn，https://www.wqxuetang.com
  地　　　址：北京清华大学学研大厦 A 座　　邮　　编：100084
  社 总 机：010-8347000　　　　　　　　邮　　购：010-62786544
  投稿与读者服务：010-62776969, c-service@tup.tsinghua.edu.cn
  质量反馈：010-62772015, zhiliang@tup.tsinghua.edu.cn
  课件下载：https://www.tup.com.cn, 010-62791865
印 装 者：涿州汇美亿浓印刷有限公司
经　　销：全国新华书店
开　　本：185mm×260mm　　印　张：10　　　字　数：244 千字
版　　次：2014 年 3 月第 1 版　2025 年 3 月第 3 版　印　次：2025 年 3 月第 1 次印刷
定　　价：29.00 元

产品编号：102703-01

前　言

本书旨在引导学生整合旅行社计调岗位基础知识和技能，并将其灵活运用到实际工作中。学生通过阅读教材、分析案例、实作操练等方式，了解旅行社计调业务的工作内容。

本书旨在让学生能够直观地掌握旅行社计调岗位的基础知识和基本技能。通过分析旅行社经典案例，让学生了解旅行社计调业务的工作内容和团队合作模式。通过模拟旅行社计调操作业务，让学生能够根据旅游业的最新发展态势和客户的要求，开发和设计旅行社线路产品，并进行对外联络及信息反馈；能够根据操作团队的需要，撰写相关文件；能够根据高端客户提出的需求，为其设计个性化服务内容；能够运用旅行社计调操作程序，进行旅游计调整体业务的操作和突发事件的处理。

本书总体编写原则是理论与实践紧密结合，力求结构严谨，形式简洁。本书贯彻党的二十大精神，融入课程思政，落实立德树人任务，并配套立体化教学资源，本书设置二维码链接资源，方便教师教学和学生自主学习，以此推进教育数字化，建设全民终身学习的学习型社会。本书第 3 版在前两版的基础上对结构进行了调整，将原来的 5 个情景调整为 4 个情景，同时更新了案例，其内容的选择既满足职业能力的培养要求，又符合应用型教育对理论知识量的需求。同时，本书第 3 版还增加了旅行计调相关的操作单和评量表。

本书的每一个情境均以旅行社真实任务为导入内容，目的是与旅行社行业标准和岗位标准相对应，使学生的学习内容与工作内容相对应，使课堂教学内容与实践操作一致。情境的设置由简单到复杂，由一般到特殊，体现完整的旅行社计调工作过程，并且每个情境都配有旅行社计调工作的真实案例和实训项目，以达到巩固知识和训练技能的目的。

本书是校企合作编写的"成果导向"教材，在编写过程中，黑龙江中旅国际旅行社有限公司大客户中心经理李彬女士参与了部分内容的编写和指导，并提供了相应案例。

本书由范贞主编，张东娜、陈洪宏、刘宏申副主编，任务单和评量表由范贞设计，情境一和情境四由范贞、张东娜共同编写，情境二和情境三由范贞、陈洪宏和刘宏申共同编写。

本书在编撰过程中，参考和引用了国内相关教材、论著和网站的许多宝贵资料，未能一一注明出处，在此一并表示衷心感谢。

由于编者水平有限，疏漏之处在所难免，诚望读者批评、指正。

编　者

目 录

情境一

计调岗位认知

【教学目标】

知识目标：了解计调工作；掌握计调人员应具备的基本素质；熟悉计调岗位职责及工作要求；知晓计调人员礼仪。

能力目标：培养较强的学习能力、总结分析能力及团队协作能力；撰写旅行社计调岗位工作职责；编写计调人员招聘启事。

素质目标：具备大国工匠精神；热爱计调工作；具有较强的责任心，与团队成员合作的精神和创新意识。

【核心概念】

了解计调岗位　计调岗位职责　计调人员基本素质　计调礼仪

案例导入

一名计调人员的博客

计调的工作十分重要。计调是旅行社完成地接、落实发团计划的总调度、总指挥、总设计，具有较强的专业性、自主性、灵活性。如果说"外联"是辛勤的采购员，那么计调就是"烹饪大师"。经他们的巧手把"酸、甜、苦、麻、辣、咸"的不同滋味调制出来以满足不同团队的"口味"，确实需要一定的技巧。计调人员要提高工作效率、避免差错，应注意以下几个方面。

(1) 人性化。计调人员在讲话和接电话时应该客气、礼貌、谦虚、简洁、利索、大方、善解人意、体贴对方，养成使用"多关照""马上办""请放心""多合作"等谦辞的习惯，给人亲密无间、春风拂面之感。每个电话、每个确认、每个报价、每个说明都要充满感情，以体现合作的诚意，表达工作的信心，展示准备的实力。信函、公文和书写要规范化，字面要干净利落、清楚漂亮、简明扼要、准确鲜明，以赢得对方的好感，换取信任与合作。一名优秀的计调人员一定是这个旅行社的"多彩窗口"，就像"花蕊"一样吸引四处的"蜜蜂"纷至沓来。

(2) 条理化。计调人员一定要细致地阅读对方发来的接待计划，重点关注人数、用房数、有无自然单间、小孩是否占床、抵达准确时间和确切地点。核查中如果发现问题，应及时通知对方并迅速更改。此外，还要看看人员中是否有少数民族或宗教信徒，饮食上是否有特殊要求，以便提前通知餐厅。如果发现有在本地过生日的游客，要记得送他一个生日蛋糕以表庆贺。如果人数有变化，要及时进行车辆调换。条理化是规范化的核心，是标准化的前奏曲，是程序化的基础。

(3) 周到化。"五订"(订房、订票、订车、订导游员、订餐)是计调人员的主要任务。尽管事务繁杂，但计调人员的头脑必须时刻清醒，逐项落实。这就像火车货运段的编组站一样，如果编不好，就要"穿帮""撞车"，甚至"脱节"。俗话说："好记性不如烂笔头。"要做到耐心周到，还要特别注意两个字：第一个字是"快"，答复对方问题不可超过 24 小时，能解决的马上解决，解决问题的速度往往代表旅行社的工作水平，一定要争分夺秒，快速行动；第二个字是"准"，即准确无误、一板一眼、说到做到、"不放空炮"、不变化无常。回答对方的询问时，要用肯定词语，"行"还是"不行"？"行"怎么办？"不行"怎么办？这些都要回答清楚，不能模棱两可，似是而非。

(4) 多样化。组一个团不容易，价格要低质量还要好，因此计调人员在其中往往发挥很大作用。计调人员要对地接线路多备几套不同的价格方案，以适应不同游客的需求，同时留下取得合理利润的空间。同客户"讨价还价"是计调人员的家常便饭，若有多套方案、多种手段，计调就能在变化中求得成功，不能固守"一个打法"。方案要多、要细、要全，只有这样才可"兵来将挡，水来土掩"，真正做到纵然千变万化，我有一定之规。

(5) 知识化。计调人员既要具有正常工作的常规手段，还要善于学习，肯于钻研，及时掌握不断变化的新动态、新信息，以提高工作水平，更要肯下功夫学习新的工作方法，不断进行"自我充电"，以求更高、更快、更准、更强。例如，要掌握宾馆饭店上下浮动的价位；海陆空价格的调整，航班的变化；本地新景点、新线路的情况。不能靠"听人家说"，也不能靠打电话问，应注重实地考察，只有掌握详细、准确的一手材料，才能对答如流，保证工作顺利流畅。

综上所述，计调人员不仅要"埋头拉车"，也要"抬头看路"，还要先学一步，快学一步，早学一步，以丰富的知识武装自己，以最快的速度从各种渠道获得最新的资讯，并付诸研究运用，这样才可以做到"春江水暖鸭先知"。虚心苦学、知识化运作其实是最大的窍门。

（资料来源：http://blog.sina.com.cn/spongeboblily）

子情境　了解计调岗位

一、下达任务

××旅行社刚刚成立，作为旅行社人力资源经理，请你拟定计调岗位工作职责、计调人员应具备的素质，并在公共媒体上发布招聘启事。

二、填写任务单

请每个小组将任务实施的步骤和结果填写到表 1-1～表 1-3 所示的任务单中。

表 1-1　旅行社成立条件任务单

任务名称	旅行社设立	
小组任务 实施情况描述		
任务展示步骤	学生讨论结果	修正后结果
1. 旅行社设立条件		
2. 旅行社注册资本要求		

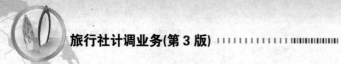

表 1-2 任务分解单

小组成员:		指导教师:
任务名称:	模拟地点:	

工作岗位分工:

工作场景:

(1) ××旅行社刚刚成立;

(2) 招聘计调人员;

(3) 人力资源经理拟定招聘启事

教学辅助设施	模拟旅行社真实工作环境,配合相关教具
任务描述	通过对旅行社计调招聘工作的展开,让学生认知计调岗位
任务资讯重点	主要考查学生对计调工作的认识
任务能力分解目标	1. 计调人员基本素质; 2. 计调岗位职责; 3. 计调岗位基本技能; 4. 计调人员礼仪
任务实施步骤	

表 1-3 旅行社计调岗位职责分解任务单

任务名称	旅行社计调岗位职责表		
小组任务实施情况描述:			修改记录
基本信息	岗位名称		岗位编号	
	所属部门		岗位编制	
	直接下级人数		职位等级	

工作关系

外部相关单位：

内部相关部门及岗位：

直接上级岗位：

本岗位

直接下级岗位：

岗位设置目的			
岗位主要职责	工作描述	内容描述	衡量指标

三、任务整体评价考核点

(1) 了解旅行社计调岗位职责。
(2) 了解计调人员所应具备的基本素质。
(3) 能够进行简单计调技能操作。
(4) 能够灵活运用计调人员在工作中的对客服务礼仪。

四、相关知识点

(一)计调基本素质

计调就是计划与调度的结合称谓(计调也可理解成计划调度的简称)。一般认为,旅行社计调业务有广义与狭义之分。从广义上讲,旅行社计调业务是对外代表旅行社同旅游服务供应商建立广泛的协作网络,签订"采购协议",保证提供游客所需的各种服务,并协同处理有关计划变更和突发事件;对内做好联络和统计工作,为旅行社业务决策和计划管理提供信息服务。从狭义上讲,旅行社计调业务是指在旅行社的接待业务工作中,为旅游团安排各种旅游活动所涉及的间接性服务,包括饮食、住宿、交通、游览、购物、娱乐等事宜的安排,旅游合作伙伴的选择,旅游接待计划的制订和下发,旅游预算单的编制,导游人员的委派等业务。

在大型旅行社的经营管理中,市场部、计调部、接待部构成了旅行社具体操作的三大业务部门,与财务部、人力资源部等后勤部门组成了整个旅行社的运作体系。计调是旅行社完成地接、落实发团计划的总调度、总指挥、总设计。

计调在旅行社的整体运作中发挥着以下两点极其重要的作用。

1. 旅行社经营活动的主要环节

旅行社销售的是无形产品,旅游者购买的是预付产品。在旅游过程中,旅游者能否得到与预付金额相匹配的旅游体验,旅行社能否兑现对旅游者的食、住、行的承诺,顾客的满意度、投诉率等,很大程度上都取决于旅行社计调的工作质量和效率。旅游者的整个消费过程时刻都与计调工作有关。计调外出踩点和行程安排是保证旅游活动顺利进行的前提条件,而及时在内部传递相关信息又能保证销售工作的顺利进行和接待业务的顺畅开展。

2. 旅行社成本控制和质量控制的把关员

一个优秀的计调人员(有时也简称计调)必须要做到成本控制。如果在旅游旺季,计调人员要凭借自己的能力争取到十分紧张的客房、餐位等,这对旅行社来说相当重要。

质量控制就是除了细心、周到地安排团队行程和制订计划书外,还要对所接待的旅游团队的整个行程进行监控。导游在外带团,主要是与计调进行联络以安排客人的活动,而旅行社也恰恰是通过计调部对旅游团队的活动情况进行跟踪、了解,对导游的服务进行监督,包括代表旅行社对游客在旅游过程中的突发事件进行灵活应变处理。

在旅游投诉中,许多人存在误解,将问题关注点放在导游、司机身上,实际上,旅行社存在服务质量问题，更多的是由于计调人员的操作程序出现问题导致的。

基于计调工作的重要性，一家管理严格、体制完善的旅行社，会对计调人员的素质有如下要求。

1) 爱岗、敬业

作为一名合格的计调人员，必须热爱旅游事业。计调工作有时是很枯燥的，由无数琐碎的工作环节组成，没有敬业、乐业、爱业的精神，是无法做好这份工作的。计调人员应具有进取心，不怕困难，热爱本职工作，具有团队合作意识，善于借助团队的力量，发挥团队的优势，共同完成旅行社旅游产品的生产和销售工作，实现旅行社制定的经营目标。

2) 认真细致的工作态度

旅游是一项环节紧扣环节的活动，负责将这些环节紧密联系的工作由计调人员完成。如果没有认真负责的工作态度，票务、用车、接送团队、导游服务、客房安排等任何一个环节没有衔接上，就会出现一招不慎、满盘皆输的失控局面。计调人员在团队操作中绝不能出现差错，任何一点疏忽都可能会给旅行社带来巨大的经济损失和不良的社会影响，因此，在工作中必须做到认真负责、一丝不苟。

侥幸心理能保证带团质量吗？

3) 精确预算的能力

计调人员必须具备精确预算的能力，要做到成本控制与团队运作效果兼顾。在保证团队良好运作的前提下，能在不同行程安排中编制一条最经济、成本控制得最好的线路。

4) 良好的人际沟通能力和较强的交际能力

计调人员大部分时间会与旅游者和旅游相关部门打交道，善于人际协调和沟通是做好计调工作的基本条件之一。在与相关部门、单位的协作中，要善于配合、谦虚谨慎、广结良缘，注意维护本旅行社的社会声誉。例如，计调人员在与合作单位洽谈时，既要保证合作愉快，又要争取利益最大化，争取为旅行社得到优惠的协议价格，这就要求计调人员具有较高的谈判水平，且善于人际沟通。

同时，计调人员要与本公司的导游多沟通，多了解导游，能根据旅游团的特点安排合适的导游。如果是计调无权派遣的导游，可建议接待部另外派遣导游，这样既有利于保证旅游产品的质量，又能提高旅游者的满意度。

5) 具有不断学习、创新的能力

旅游市场千变万化，计调人员必须要认识到知识更新的重要性。不仅要认真了解旅游市场、旅游目的地的变化，以及地接单位实力的增减情况等，还要根据所学知识，不断对工作进行改进，跟上时代发展的步伐。平时也要多充电，比如阅读一些掌握谈判技巧、处理突发事件的书籍，学习一些法律知识、旅游相关法规等，多向有经验的、优秀的计调人员学习，多关注中国计调网的论坛。

计调必备的三个基本能力　　　做好计调工作的七字诀

(二)计调岗位职责

计调部门是旅行社的核心工作部门,计调工作直接影响和决定旅行社的正常运转。为了提高工作效率,提高旅行社的经济和社会效益,计调人员应尽心尽力为游客服务,保证旅行社取得良好的效益。

1. 计调岗位的工作内容

由于各旅行社的规模和管理方式不同,因此计调部门的组织构架也存在较大差异。但计调岗位的工作内容具有共性,一般包括信息资料收集、计划统计、对外联络、订票业务、订房业务、内勤业务、调度变更等。

(1) 信息资料收集:负责收集各种资料和市场信息,为有关部门决策提供参考。

(2) 计划统计:负责根据本部门的业务要求编制各种业务计划,统计旅行社的各项资料,并做好档案管理工作。

(3) 对外联络:负责对外联络和信息反馈事宜。

(4) 订票业务:负责旅游团(者)各种交通票务的订购。

(5) 订房业务:负责旅游团(者)的各种订房业务。

(6) 内勤业务:负责部门内各种内勤工作。

(7) 调度变更:负责调度各种交通工具,并做好各旅行团变更的协调工作。

随州编钟旅行社部门　　乌伦古湖各景区"牵手"百　　计调部一味追求高标准的住
设置及各部门工作职责　　家旅行社,助推福海县文旅　　宿就能满足客人的要求吗?
　　　　　　　　　　　产业消费升级

2. 计调人员的主要职责

作为一名合格的计调人员,为了更好地完成自己的工作内容,必须履行如下工作职责。

(1) 熟练掌握计调部采购的各项常用业务成本。①各景点门票价格及折扣价格;②各类酒店的挂牌价和淡旺平季团队报价,陪同床价格及成团房间数;③各餐厅的餐费折扣价;④各类型旅游车客运单价(元/千米)和线路千米数及特殊线路的线路全包价,各类型车辆,以及各条线路停车、过路费标准;⑤各航空公司的机票折扣。

(2) 接听电话时一定要客气委婉,必须先说:"您好,××旅行社,很高兴为您服务,请问有什么需要?"

(3) 接听电话时,一定要音质甜美、语速适中、语言委婉流畅,让客户感到放心、舒服。

(4) 接听业务咨询电话时，一定要记住对方旅行社的名称、业务联系人、传真、电话、线路要求(人数、线路景点、住宿标准、用车情况、返程情况、大概出发时间)，最好留下对方直接联系方式的手机号码。

(5) 做报价时，一定要迅速、准确，争取在 5 分钟之内将报价通过 QQ 或微信等方式发给对方。

(6) 报价给对方发过去 5 分钟之后，打电话问询对方是否收到报价，并询问对方所收到的报价是否符合要求。

(7) 如果报价准确无误，要和对方业务人员沟通团队的情况，要了解团队大概的出发日期、人数，做到心中有数，尽量通过和对方沟通尽早把价位定下来。

(8) 如果团队已定下来，要和对方盖章确认，约定结账方式，并在报价确认件上注明。

(9) 如果团队没有及时定下来，要及时跟单，并注明每次跟单的情况，做到心中有数。

(10) 团队定下来以后，在报价确认件上标明需要注意的情况，以及所要求的导游性别、性格及专长。

(11) 及时将团队转发给相关人员，让其早操作、早安排。

(12) 按照报价确认件上约定的情况及时催收团款。

(13) 在团队的游览过程中，要多和带团导游联系，了解团队的进度情况，尽量在当地处理发生的一切事务。

(14) 团队返回目的地后，及时拨打服务跟踪电话，做到团队满意，心中有数，标出以后操作中应该注意的事项，并将意见及时转发给计调人员。

(15) 团队结束旅游行程后，将业务联系人的资料整理、归档。团队行程结束三日内(含下团当日)必须将结算单通过 QQ 或微信发给组团社，并确认对方已收到结算单。

3. 计调部经理的岗位职责和权限

计调部经理直接由旅行社总经理领导，负责全社的业务流程及操作，其岗位职责非常重要。

1) 计调部经理的主要职责

计调部经理应本着尽职尽责、求实创新的态度，履行如下职责。

(1) 负责旅行社对外联络、安排旅游团队、发布旅游计划、公关协调、组织接团等业务。

(2) 广泛搜集和了解不断变化的旅游行业市场信息及同行业动态，对其他旅行社推出的常规、特色旅游线路要认真分析，为更好地策划旅游线路产品做准备。

(3) 不断修订和完善本社的旅游线路产品及其行程安排，持续推陈出新，制定符合当前旅游市场需求、能满足游客要求的旅游线路，并设定合理的旅游价格。

(4) 在操作、落实团队时，对有关交通、导游服务及住宿、饮食、购物、娱乐等项目，要尽可能考虑周到，在确保团队接待质量的前提下，力争"低成本、高效益"。

(5) 在每个旅游团行程结束后，要严格把关有关导游、司机的报账，并与财务部门仔细核对每一项账目，确保准确无误。

(6) 带团导游出发前，应对带团的详细资料、注意事项，以及在此线路中可能出现的问题和解决方法做出全方位的评估并将其告知导游人员，尽可能做到防患于未然。

(7) 为提高工作效率，计调部经理应监督计调人员，在工作中要及时按日、月、季掌握各旅游线路的成本及报价，同时要及时通知各部门，以确保对外报价的统一性、可靠性、可行性和准确性。

(8) 每个团队操作，必须要求做到售前、售中、售后完美服务，即出团前的亲情服务；团队旅游过程中的质量跟踪监控；团队行程结束后的回访及建立档案。

(9) 必须时刻注意同行动态，建档分类保存和分析。

2) 计调部经理的权限

计调部经理除具有上述职责外，还应享有相应的权限。

(1) 旅游资源采录工作权限。计调部经理在旅游淡季时，应该抽出时间对旅游景点及其线路进行踩点、踩线，了解第一手资料，制作精美的线路，以适应市场需求，做到推陈出新，而不是闭门造车。

(2) 旅游产品制作工作权限。计调部经理踩点、踩线回来，应该和计调人员一起进行旅游产品粗加工的制作工作。

(3) 同业报价收集工作权限。计调部经理在推出本旅行社的线路及报价之前，有权带领其他计调人员一起，完成收集本地区其他旅行社的线路报价工作，做到知己知彼。

(4) 本社产品报价工作权限。在上述产品的粗加工工作和同行报价收集工作的基础上，计调部经理要经过旅行社总经理的批准，与旅行社其他部门协商，科学合理地对外给出旅游线路产品的报价。

(5) 签订旅游合同工作权限。在每年的年底或年初，计调部经理要与交通部门(如航空公司、铁路部门、旅游车(船)单位)、景区景点、饭店、旅游定点餐厅等相关部门签订旅游协议，以便定下来年的优惠协议价。

(6) 网站信息收集、编辑工作权限。计调部经理在收集同行旅游线路报价的同时，应注意观察和收集网络旅游信息，并有权对本旅行社网站内容进行不断更新。

计调部经理能这样
袒护地陪吗？

计调部经理应该知道我国
主要客源国概况吗？

(三)计调岗位基本技能

计调人员在日常工作中，必须具备以下基本技能，如表 1-4 所示。

计调工作的工具主要包括以下几点。

(1) 电话设备：固定电话、移动电话等。计调电话最忌变动，如遇变动，应想办法保留原始号码。另外，强调话机功能，如呼叫转移、来电显示、电话录音、语音信箱等。

(2) 传真机：普通传真机(热敏纸)即可，尽量不使用普通纸传真机、Fax-Mail 等。最好配备两台传真机(收发各一台)，以满足业务量大时的需求。

(3) 联系工具：E-mail、宽带、QQ、钉钉、微信等。此为旅行社通信升级的台阶，同时有利于降低通信成本。

(4) 地图：全国地图、分省图、公路客运图、网上地图等。

(5) 时刻表：铁路、航空、公路、航运时刻表等。特别注意淡旺季、年度的新版时刻表。

(6) 字典：语言类、景点类等。

(7) 景点手册：全国主要旅游景点内容简介、最佳旅游时间、旅游注意事项等。

(8) 采购协议：按组接团社、住房、餐厅、车队、景点、购物等分类建档。

(9) 各地报价(分类)：最好按区域列出目录，分类列置。

(10) 常用(应急方式)电话：按组接团(经理、计调)、酒店(销售部、前台)、餐厅(经理、订餐)、车队(调度、驾驶员)、导游等分类列出，放置方便处并随身携带。

计调人员的业务信息储备

表 1-4　计调岗位基本技能

工作任务	岗位技能
1. 收集信息	(1) 收集、整理来自旅游业的各种信息； (2) 向旅行社的决策层提供所需的信息及资料分析报告； (3) 收集旅游团的反馈信息并制作报告
2. 编制计划	(1) 承接并向有关部门及人员分发旅游团的接待计划； (2) 承接并落实各地旅行社发来的接待计划； (3) 编写旅行社年度业务计划； (4) 统计旅行社旅游业务月、季报表，编写接待人数月、季报告
3. 对外采购	(1) 向协作单位询价，选择和联络本部门的合作者，对外报价或接受报价； (2) 反馈各种信息，向上级主管提供各种资料，协调与相关部门的关系
4. 安排落实	(1) 落实接待团编号、人数、服务等级、订房情况、抵离日期、下一站城市、航班或车次时间等； (2) 向协作单位确认团队预定计划； (3) 旅行团队运行中的调度变更
5. 质量跟踪	(1) 旅游团队运行质量跟踪补救； (2) 导游服务质量跟踪补救； (3) 接待社、各个旅游服务提供商的服务质量跟踪补救

(四)计调人员礼仪

"致福曰礼，成义曰仪"。礼仪是一种用来确定人与人之间或人与事物之间关系的一种行为方式，传达着一种态度，比如信任、尊重、臣服或祝贺等。古人讲"礼者敬人也"，礼仪是一种待人接物的行为规范，也是交往的艺术。它是人们在社会交往中由于受历史传统、风俗习惯、宗教信仰、时代潮流等因素的影响而形成的，既为人们所认同，又为人们所遵守，是以建立和谐关系为目的的各种符合交往要求的行为准则和规范的总和。

对个人来说，礼仪是个人的思想道德水平、文化修养、交际能力的外在表现；对社会来说，礼仪是国家社会文明程度、道德风尚和生活习惯的展现。

旅游是与人打交道的行业，良好的人际沟通和协调能力，以及一般的礼仪常识，是顺利开展工作的前提条件。作为计调人员，由于工作性质的原因，需要与不同行业和部门的人打交道，而且旅行社很多其他活动也需要他们出面解决。所以作为旅行社计调人员，了解礼仪的基本内容十分重要。

真诚友善、举止得体、宽容大度、礼貌待客、时尚高雅、热情周到等，都是计调人员必备的优良品质。

1. 基本礼仪

礼仪是在人际交往中，以一定的、约定俗成的方式来表现的律己敬人的过程，涉及穿着、交往、沟通、情商等内容。从个人修养的角度来看，礼仪可以说是一个人内在修养和素质的外在表现。从交际的角度来看，礼仪可以说是人际交往中适用的一种艺术、一种交际方式或交际方法，是人际交往中约定俗成的示人以尊重、友好的做法。从传播的角度来看，礼仪可以说是在人际交往中进行相互沟通的技巧。

一个人的仪表、仪态是其修养、文明程度的表现。古人认为，举止庄重、进退有礼、执事谨敬、文质彬彬，不仅能够保持个人的尊严，还有助于进德修业。古人对仪表的要求，其中最重要的，有如下三个方面。

(1) 衣着容貌。《弟子规》要求："冠必正，纽必结，袜与履，俱紧切。"这些规范，对现代人来说，仍是必要的。帽正纽结，鞋袜紧切，是仪表外观的基本要求。如果一个人衣冠不整，鞋袜不正，往往会使人反感甚至恶心，有谁会亲近这样的人呢？当然，衣着打扮，必须根据自己的职业、年龄、生理特征、所处的环境和交往对象的生活习俗，进行得体大方的选择。

(2) 行为举止。孔子说："君子不重则不威，学则不固。"(摘自《论语·学而》)这是在说，只有庄重才有威严，否则，即使学习了，所学的也不能稳固。具体说来，就是要做到"站如松，坐如钟，行如风，卧如弓"，站要正，坐要稳，行动利索，侧身而睡。在公众场合举止不可轻浮，不可亵，应该庄重、谨慎而又从容，做到"非礼勿视，非礼勿听，非礼勿言，非礼勿动"(摘自《论语·颜渊》)，行为举止处处合乎礼仪规范。

(3) 言语辞令。语言是人们思想、情操和文化修养的一面镜子。古人曾说："修辞立其诚，所以居业也。"(摘自《周易·乾》)。古人将诚恳的修饰言辞看成立业的根基，有一定的道理。并且要"言必信，行必果。"(摘自《论语·子路》)另外要慎言。当然并不是要求人们少言语，而是说话要视具体情况，当说则说，当默则默。"可与言而不与之言，失人；不可与言而与之言，失言。知者不失人，亦不失言。"(摘自《论语·卫灵公》)说的就是这个道理。

2. 常见社交礼仪

1) 化妆的礼仪
化妆的基本原则如下。

(1) 妆容浓淡要视时间场合而定。在工作时间、工作场合只允许化工作妆(淡妆)。浓妆只有晚上才可以化。外出旅游或参加运动时，不要化浓妆，否则在自然光下会显得很不自然。

(2) 不要非议他人的妆容。由于文化、肤色等差异，以及个人审美观的不同，每个人化的妆不可能是一样的。切忌对他人的妆容评头论足。

（3）不要在他人面前化妆。

（4）不要借用他人的化妆品。这不仅不卫生，也不礼貌。

（5）吊唁、丧礼场合不可化浓妆，也不宜抹口红。

2）发型的礼仪

发型要与服饰相协调。

发型与礼服相配：女士在比较庄重的场合穿礼服时，可将头发挽在颈后，显得端庄、高雅。

发型与连衣裙相配：如果穿 V 字领连衣裙，可将头发盘起，如果穿外露较多的连衣裙，可选择披肩发或束发。

发型与西装相配：因西装给人以端庄整洁的感觉，发型也要梳得端庄、大方，不要过于蓬松。

3）打电话礼仪

（1）选择恰当的时间打电话。拨打电话应选择对方方便的时间，忌休息和用餐时间。节假日一般不宜打电话，更不宜打谈公务的电话；用餐时间前半个小时，如果你不请人家吃饭的话，不宜打电话；若给海外人士打电话，先要了解时差。

（2）说话应当简明扼要。通话前应当充分准备，通话时应自报姓名，适当问候对方，按准备好的内容简要说明通话目的，适可而止，宁短勿长。

（3）声音适当，吐字清晰，语速均匀。声音太高则震耳，声音太低则对方难以听清，要视当时的环境适当调整声音的高低。说话时要准确清晰，语速均匀。

（4）注意打电话的举止和环境。在接打电话时，不要以为对方看不见就一边挖着鼻孔，一边接打。在厕所里不要打电话，如果必须接电话，要最大限度地简短，不要像唠家常嗑一样长篇大论。在餐桌旁不宜接打电话，如果必须接时，要离开餐桌，或者转到一边，不可对着菜盘子大呼小叫。在人多的地方，不宜大声喧哗。

（5）及时接电话和回电话。一般在铃声响起三声之内接听，如果说话不方便，应当告知对方过一会儿打过去，或者和对方约定时间再打过来；如果发现未接听的电话，一般要主动回电话。当然，陌生的电话不在此列。

3. 职场工作礼仪

办公场所里的个人形象，即行为举止要得体，要讲究分寸，要与办公场所的气氛、环境及所从事的工作性质相协调。办公场所里的个人形象主要体现在以下几个方面。

（1）仪表端庄、大方。要注意个人卫生，发型要简洁，女士应略施淡妆。服饰穿戴简洁、庄重，忌穿牛仔装或无领无袖的衣服，忌穿拖鞋。

（2）举止要庄重、文雅。要注意保持良好的站姿和坐姿，不要斜身倚靠办公桌，更不能坐在办公桌上面。不要在办公室里吃东西，尤其不要吃瓜子等易有响声的食品。

（3）说话要文明、有分寸。办公场所不要使用亲昵的称呼。不要总是抱怨、发牢骚或闲聊。

（4）遵守公共道德和行为准则。不要无限制地使用办公用品。办公室中的传真机、公函信封、信纸和其他办公用品等只是办公使用。

（5）穿着。如果你看上去干净利落、衣着整洁，自己也会感觉良好、自信十足。注意在穿着上不要百无禁忌，过于招摇。新进单位的人要根据自己的工作性质、职位选择适宜的服装。不要穿过于追逐时尚、休闲的服装，相对保守、正规一些的服装会给人留下好感。

(6) 电话。电话应该怎么接听？难的不是接听自己的电话，而是如何替上级接听电话。专家提醒：如果一时忘记询问对方基本信息，就干脆不要告诉上级你曾接听过他的电话，否则这等同开了一张空头支票给他。

(7) 招呼。在非工作区域，碰上同事多少能随意攀谈两句，赞美对方是个不错的选择，从穿着和精神状态入手，但要把握尺度。至于谈不谈工作，完全取决于老板的喜好，如果老板热衷于此，那么碰上他就说吧，也别管是不是在茶水间了！

4. 计调人员在工作时的仪容禁忌

计调人员在日常工作中要注意口腔卫生，保持口气清新，少吃有异味的食物；在与客户或领导交流前，要留意消除口腔异物；祛除体味；注重面部和手部卫生；避免穿着质地较差、样式陈旧的衣物，旅游是体现个人生活品位的活动，客户可以从旅游从业人员身上看到这些影子；女士不要化浓妆，不要使用气味浓烈的香水，以免引起客人的反感。

中国传统礼仪

全面深入学习宣传贯彻党的二十大精神
学报告 明方向 学思想 践行动 助推旅游产业大提质

党的二十大报告指出，要坚持以文塑旅、以旅彰文，推进文化和旅游深度融合发展。为了深入学习贯彻党的二十大精神，新疆天山托木尔景区特别组织了每日小课堂，通过讲理论、谈感想的方式，结合实际分享经验，把党的二十大精神落实到具体行动中。

某温宿文旅集团职员说："党的二十大报告提到要推进文化自信自强，铸就社会主义文化新辉煌，为所有文旅工作者赋予更大的责任和使命。作为旅游行业的一员、新时代的青年团员，我们更加坚定了要坚守在文旅一线，为推进文旅事业繁荣发展贡献青春力量的信念。"

在随后的培训课上，讲师从职业仪容仪表、商务礼仪仪态、商务接待礼仪、餐饮服务礼仪、客房服务员礼仪等多个方面，为景区所有员工进行授课培训，并在课程中安排了大量的实操演练，让大家在培训过程中将礼仪知识融会贯通，运用于实践。此次礼仪培训课程，使职员对商务礼仪规范的理念、实操及如何进一步强化职业素养有了进一步的认识，有助于提升公司职员整体精神风貌，树立良好的企业形象。

某温宿文旅集团职员说："职业形象是通过我们的衣着打扮、个人审美、言谈举止反映出个人的专业状态，更代表着公司的整体形象，今天的礼仪培训课内容比较广泛，很有趣味，我作为文旅公司的一名员工，今后会规范自己的言行举止，更好地为游客服务。"

温宿文旅集团商务礼仪讲师说："我们每周都会开展员工服务培训，员工通过礼仪培训，可以学到接待旅客和日常人际交往中的基本礼仪规范和知识，积累交往交流的技巧和经验，大力提升我们的服务能力，作为文旅一线的工作者，我将以更加饱满的热情，以更优质的服务，让广大游客高兴而来满意而归，为文旅事业发展贡献力量。"

（资料来源：温宿零距离）

小　　结

　　这一情境主要让学生认知旅行社计调岗位，了解计调岗位工作内容和岗位职责，让学生对计调工作有个初步的认识，为接下来的学习和工作打下坚实基础。

思考与能力训练

一、简答题

　　1. 请简要说明计调岗位职业能力。

　　2. 请谈谈你对计调的理解，审视自己能不能做好计调工作。

　　3. 请结合新媒体形式，思考如何做好国内热门旅游景区旅游材料的收集、整理和线路的宣传、营销工作。

二、实训题

实训1

　　分组：以四人为一组，将班级分为十个组，选出组长，以小组为单位建立一家属于本组的旅行社。每个组建立一个群，整个班级建立一个大群，方便以后业务联系和微博互动。请把每组的联系方式都记下来。

　　建立旅行社必要的条件。

　　1. 设立旅行社，应当具备下列条件。

　　(1) 有固定的营业场所；

　　(2) 有必要的营业设施；

　　(3) 有经培训并持有省、自治区、直辖市以上人民政府旅游行政管理部门颁发的资格证书的经营人员；

　　(4) 有符合《旅行社管理条例》第七条、第八条规定的注册资本和质量保证金。

　　2. 旅行社的注册资本，应当符合下列要求。

　　(1) 国际旅行社，注册资本不得少于150万元人民币；

　　(2) 国内旅行社，注册资本不得少于30万元人民币。

　　3. 申请设立旅行社，应当按照下列标准向旅游行政管理部门交纳质量保证金。

　　(1) 国际旅行社经营入境旅游业务的，交纳60万元人民币；经营出境旅游业务的，交纳100万元人民币。

　　(2) 国内旅行社，交纳10万元人民币。

　　质量保证金及其在旅游行政管理部门负责管理期间产生的利息属于旅行社所有；旅游行政管理部门按照国家有关规定，可以从利息中提取一定比例的管理费。

　　申请设立国际旅行社的，应当向所在地的省、自治区、直辖市人民政府管理旅游工作的部门提出申请；省、自治区、直辖市人民政府管理旅游工作的部门审查同意后，报国务院旅游行政主管部门审核批准。

申请设立国内旅行社的，应当向所在地的省、自治区、直辖市管理旅游工作的部门申请批准。

4. 申请设立旅行社，应当提交下列文件。

(1) 设立申请书；

(2) 设立旅行社可行性研究报告；

(3) 旅行社章程；

(4) 旅行社经理、副经理履历表和《旅行社管理条例》第六条第三项规定的资格证书；

(5) 开户银行出具的资金信用证明，注册会计师及其会计师事务所或者审计师事务所出具的验资报告；

(6) 经营场所证明；

(7) 经营设备情况证明。

5. 旅游行政管理部门收到申请书后，根据下列原则进行审核。

(1) 符合旅游业发展规划；

(2) 符合旅游市场需要；

(3) 具备《旅行社管理条例》第六条规定的条件。

旅游行政管理部门应当自收到申请书之日起30日内，做出批准或者不批准的决定，并通知申请人。

旅游行政管理部门应当向经审核批准的申请人颁发《旅行社业务经营许可证》，申请人持《旅行社业务经营许可证》向工商行政管理机关领取营业执照。

未取得《旅行社业务经营许可证》的，不得从事旅游业务。

旅行社变更经营范围的，应当经原审批的旅游行政管理部门审核批准后，到工商行政管理机关办理变更登记手续。

旅行社变更名称、经营场所、法定代表人等或者停业、歇业的，应当到工商行政管理机关办理相应的变更登记或者注销登记，并向原审核批准的旅游行政管理部门备案。

旅游行政管理部门对旅行社实行公告制度。公告包括开业公告、变更名称公告、变更经营范围公告、停业公告、吊销许可证公告。

旅行社每年接待旅游者10万人次以上的，可以设立不具有法人资格的旅行分社(以下简称分社)。

国际旅行社每设立一个分社，应当增加注册资本75万元人民币，增交质量保证金30万元人民币；国内旅行社每设立一个分社，应当增加注册资本15万元人民币，增交质量保证金5万元人民币。

旅行社同其设立的分社应当实行统一管理、统一财务、统一招徕、统一接待。

旅行社设立的分社，应当接受所在地的县级以上地方人民政府管理旅游工作的部门的监督管理。

外国旅行社在中华人民共和国境内设立常驻机构的，必须经国务院旅游行政主管部门批准。

外国旅行社常驻机构只能从事旅游咨询、联络、宣传活动，不得经营旅游业务。

实训2

1. 查找本地区主要景点及其门票价格、具体地点，四星级以上酒店名称及其前台联系电话、各住宿地特点，国内主要航空公司名称，列车时刻表。

2. 把以上信息进行分类、建档，记录在每个人的记事本上，方便随时使用。

3. 保存全班同学的电话号码，或其他联系方式，以便以后情境模拟时使用。

实训 3

相关实训资料与要求如表 1-5 所示。

表 1-5　相关实训资料与要求

项目名称	利用媒体，收集计调招聘信息，为××旅行社撰写招聘启事
实训目的	让学生进一步了解计调工作人员的能力素质要求，并训练学生的写作能力
实训要求	了解计调人员信息收集的渠道和信息处理的方法； 注重信息收集的典型性和有效性； 根据旅行社的具体经营特点撰写招聘信息
实训成果	招聘启事

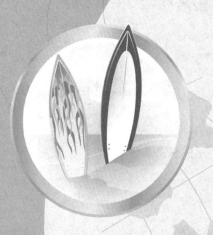

情境二

计调工作流程

【教学目标】

知识目标：熟悉旅游产品设计的原则、内容和流程；熟悉旅行社产品定价和计调工作流程；熟悉组团社的计价和报价方式；掌握发团业务的主要工作流程；掌握地接社计调和报价方式；掌握接团业务的主要工作流程。

能力目标：根据旅游者或合作旅行社要求设计线路产品；为线路产品制定合理的价格，并能快速、准确地报价；按照工作流程操作发团业务；根据地接计价的构成要素，快速计价和报价；按照工作流程操作接团业务。

素质目标：具有创新意识；认真负责的精神；灵活应变团队突发事件的能力；组织协调团队操作的能力；口头表达能力。

【核心概念】

旅游线路产品设计　计价和报价　组团计调操作　接团计调操作

案例导入

哈尔滨某旅行社在"十一"黄金周期间推出"开心农场"休闲游产品。

由资深导游带队，自驾车赴哈尔滨江北葡萄庄园和"开心农场"进行采摘活动。上午在葡萄庄园采摘，中午享用特色农家风味餐，下午赴"开心农场"采摘，体验劳作的乐趣，并把收获带回家。

子情境一　旅游线路产品设计

一、下达任务

启航旅行社在"十一"黄金周期间，经过努力，组成了 6 个散客拼团，其中一个团队为"大连—旅顺港四日游"，请为这个团队做好计调工作。

要求：线路设计合理，设计出电子海报和二维码，各种联系方式齐全。

请每个小组将任务实施的步骤和结果填写到如表 2-1 所示的任务单中。

二、填写任务单

任务单如表 2-1 和表 2-2 所示。

表 2-1　任务单

小组成员：		指导教师：
任务名称：	模拟地点：	
工作岗位分工：		
工作场景： (1) "十一"黄金周； (2) 设计大连—旅顺港四日游； (3) 计价和报价； (4) 相关业务采购		
教学辅助设施	模拟旅行社真实工作环境，配合相关教具	
任务描述	通过对线路产品的设计，让学生了解计调操作流程	
任务资讯重点	主要考查学生对计调工作的了解情况	
任务能力分解目标	能够根据旅游者或合作旅行社要求设计线路产品； 能为线路产品制定合理的价格，并能快速、准确地报价； 能按照工作流程操作发团业务； 能根据地接计价的构成要素，快速计价和报价； 能按照工作流程操作接团业务	
任务实施步骤		

表 2-2　线路设计任务单

日期	交通	行程介绍(景点描述)	用餐	住宿	备注
线路名称:					
线路主题:					
D1					
D2					
D3					
D4					
备注					

三、任务整体评价考核点

(1) 了解旅行社线路产品设计和构成要素。

(2) 能够准确计价和报价。

(3) 能够按照操作流程进行地接业务操作。

四、相关知识点

(一)旅行社线路产品设计

旅行社线路产品不同于一般的物质产品,它是一种以无形服务为主体内容的特殊产品,由交通、住宿、餐饮、游览、娱乐和购物等构成的"组合产品"。

1. 旅游交通

旅游交通分为长途交通和短途交通。前者是指城市间交通(区间交通),后者是指市内接送(区内交通)。常用的旅游交通工具有:民航客机、火车、豪华巴士和轮船等。

安排线路时,应本着便利、安全、快速、舒适、价优的原则选择并安排旅游交通方式。

作为计调人员,在安排交通时,首先要了解各种交通方式的游览效果;其次要了解各种交通工具的适用旅程,如汽车、快艇、直升机适合短途旅游,火车、轮船、大巴适合中途旅游,客机和海上渡轮则适合长途旅游;最后要了解国内的交通现状,如类型、分布形式、价格和网络等。

在具体团队操作时,要综合利用各种交通方式与工具,扬长避短,合理衔接;另外,还要考虑旅游者的旅游目的,运输价格,旅游者的旅游喜好和经验,旅游目的地的位置和可进入性等因素,在满足旅游者个人需求的基础上,争取做到旅游效益最大化。

华东五市双飞六日游

2. 旅游住宿

住宿一般占旅游者旅游时间的 1/3,因此旅游者对住宿的满意程度是关系旅行社线路产品声誉的重要一项。

在销售旅游产品时,必须注明入住饭店的名称、地点、档次,以及提供的服务项目等,一经确定,不能随便更改,更不能降低档次、改变服务项目。

3. 旅游餐饮

旅行社安排的餐饮必须卫生、新鲜、味美、量足、价廉、营养、荤素搭配适宜。对不包餐饮的旅游团,旅游餐饮的满意与否取决于旅游者自己的选择。

4. 游览观光

游览观光是旅游者最主要的旅游动机,是旅行社线路产品吸引力的根本来源,也反映了旅游目的地的品位与形象。因此,在选取游览资源时一定要尽量选取品位高、环境氛围好、游览设施齐全、可进入性好、安全保障强的游览地点。

例如,××保险公司为了答谢新老客户,特邀客户参加双奥之城"辉煌之旅"双卧 7 日豪华游(此为某旅行社围绕着奥运会后时尚的奥运元素,精心设计的精品旅游线路),如图 2-1 所示。游览观光产品的特色是:北京特色美食、奥运新景、奥运体验等。

双奥之城"辉煌之旅"双卧 7 日豪华游
第一天　客人于指定时间在哈尔滨火车站集合,乘火车赴首都北京
第二天　北京接团,车览市容市貌,入住宾馆,全天自由活动
第三天　早餐后,游览世界上最大的城市中心广场——天安门广场,参观毛主席纪念堂(遇政策关闭,观外景),参观人民英雄纪念碑、人民大会堂外景,自费游览和坤的府邸——恭王府。午餐后,游览皇家宫殿建筑群——故宫(约 2 小时),车览皇城根遗址公园、北大红楼、平安大街及菖蒲河公园外景,赠送老北京胡同游项目,赠送游览老北京最富有魅力的地方——什刹海风景区项目,这里有"燕京八景"之一的"银锭观山"、百年老店"烤肉季"和"爆肚张"。逛王府井步行街,品北京小吃(约 1 小时)(晚餐自理)。(购物店:全天无购物店)(自费推荐景点:恭王府、老北京堂会)
第四天　早餐后,乘车赴昌平,参观玉器加工厂,自费参观明蜡像宫,免费品尝北京果脯、烤鸭。午餐后,游览古长城遗址——八达岭长城(非水关、居庸关,索道/滑车费用自理,约 2 小时),车览奥运新村、中华民族园外景,远眺十三陵水库外景,游览奥林匹克森林公园、奥运主会场鸟巢外景、国家游泳中心水立方外景(门票自理),停车 1 小时自由拍照,晚餐品尝正宗烤鸭。(购物店:龙地玉器、金运通特产、润德珍珠(进店时间不少于 45 分钟))(自费推荐景点:明皇蜡像宫、八达岭滑车、圣水观音
第五天　早餐后,游览世界上最大的祭天建筑群——天坛公园(含首道门票,约 1.5 小时),免费参观景泰蓝加工厂,了解景泰蓝的加工制作工艺流程;参观太平洋海底世界(门票自理),观北京中央电视塔(登塔费用自理),车览中华世纪坛外景。午餐后,自费参观有皇家园中园之称的圆明园遗址公园。之后可乘船沿当年慈禧太后前往颐和园避暑的线路(船费自理),游世界上最美的皇家园林——颐和(约 2 小时),结束行程。(购物店:景泰蓝(进店时间不少于 45 分钟))(自费推荐景点:太平洋海底世界、登中央电视塔、圆明园遗址公园)
第六天　早餐后,自由活动,12 点以前退房,集中送站则全程结束,延迟或提前送站需加 20 元/人
第七天　火车上,甜蜜回味北京之旅,下午抵达哈尔滨,结束愉快的旅途

图 2-1　双奥之城"辉煌之旅"双卧 7 日豪华游

5. 娱乐项目

娱乐项目是旅游线路产品的基本要素，也是现代旅游的主体。娱乐项目的安排应该多样化、知识化、趣味化、新颖化。它可以包括：歌舞、戏曲、杂技、民间艺术及其他趣味性、消遣性的民俗活动，如藏民家访、《云南映象》等。

6. 购物项目

购物包括购买商品、工艺美术品等物品。

旅行社安排购物的原则是：购物次数适当，不能太多；购物时间合理，不能太长；选择服务态度好、物美价廉的场所。切忌选择那些服务态度差，如强迫交易、伪劣商品的购物场所，尽量选择信誉良好的定点购物单位，同时让游客有自由购物的权利。

2013 年 10 月 1 日起施行的《中华人民共和国旅游法》规定：旅行社组织、接待旅游者，不能指定具体购物场所，不得安排旅游者购物。

"彩云之南"(昆明/九乡/石林/大理/丽江)双飞双卧 8 日(常规团)

7. 导游服务

导游服务包括地陪、全陪、景点陪同及领队服务，主要是提供翻译、向导、讲解等相关服务。

8. 旅游保险

旅游保险有旅行责任险。

以上各种要素的有机结合，构成了旅行社线路产品的重要内容。旅行社产品是一个完整、科学的组合概念，满意的旅行社线路产品是通过最完美的组合形成的。

(二)旅行社线路产品的分类

1. 按照产品包含的内容分类

旅行社线路产品绝大多数都采用包价形式。旅游者如果要消费包价旅行社线路产品，那么在旅游活动开始前就要将全部或部分旅游费用预付给旅行社，由旅行社根据与旅游者签订的合同协议相应地为旅游者安排旅游项目。

(1) 全包价旅行社线路产品。旅游者将涉及旅游行程中的一切相关服务项目费用统包起来预付给旅行社，由旅行社全面落实旅程中的一切服务项目，包括餐饮、住宿、交通、游览、购物、娱乐、导游服务、保险及签证等。

精品海南双飞六日游(直飞三亚)

(2) 半包价旅行社线路产品。半包价是在全包价旅游的基础上扣除中、晚餐服务费的一种包价形式。优点是降低了产品的直观价格，提高了产品的竞争力，更好地满足了旅游者在用餐方面的不同要求。

"天府之国"成都、九寨沟、黄龙双飞六日游

(3) 小包价旅行社线路产品。也称可选择性旅游或自助旅游，由非选择部分和可选择部分构成。前者包含城市间交通和市内交通及住房，含有早餐；后者包括景点项目、娱乐项目、餐饮、购物及导游服务。

小包价具有经济实惠、手续简便和机动灵活等特点，深受旅游者欢迎。

腾冲、火山、热海双飞休闲5日游(半自助游)

从以上旅行社的全包价线路产品、半包价线路产品、小包价线路产品的比较可以发现，构成要素逐步减少，服务要素的组成也各不相同。事实上，只要有利于满足旅游消费者需求，任何形式的旅行社线路产品都会有开发前景。

2. 按旅游者组织形式划分

(1) 团体旅游产品。这是指由 10 人以上的旅游者组成的旅游产品，旅行社团体旅游产品一般采用包价的形式。在实际工作中，旅行社组团人数的标准有时会与产品档次挂钩，如国内游豪华团 10 人成团，标准团 16 人成团，经济团 30 人成团，入境旅游 9 人成团。另外，我国出境旅游必须以团队的形式进行，3 人即可成团。

(2) 散客旅游产品。这是指 10 人以下的旅游产品。旅行社的散客旅游产品既有非包价的形式，也有包价的形式。

3. 按产品档次划分

(1) 豪华型旅游产品。购买豪华型旅游产品的旅游者一般在四、五星级酒店或豪华游轮上(或高标准的客房、舱位)住宿和用餐；往返交通一般选用飞机；选择中高档导游服务；乘坐高档豪华车；欣赏高标准的娱乐节目等。

香港、澳门豪华双飞五日游

（2）标准型旅游产品。购买标准型旅游产品的旅游者一般在二、三星级酒店或中等水准的宾馆、游轮住宿、用餐；往返交通大部分选用飞机；出行乘坐豪华空调旅游车。

魅力华东：华东五市六日游

（3）经济型旅游产品。经济型旅游产品费用低廉，旅游者住宿和用餐一般在普通水准的招待所或旅社；往返交通多选用火车和普通轮船；乘坐普通汽车。

4. 按旅游者目的和行为划分

（1）观光旅游产品。旅行社利用旅游目的地的自然旅游资源和人文旅游资源，组织旅游者参观游览及考察。由于旅游资源类型多样，观光旅游产品也可以分为很多种类，如文化观光、工业观光、农业观光、民俗观光和生态观光等。观光旅游产品一般具有资源品位高、可进入性强、服务设施多、环境氛围好和安全保障强等特点，而且可以使旅游者在较短时间内领略旅游目的地的特色，因此长期以来一直是国际和国内旅游市场的主流产品，深受旅游者喜爱。观光旅游产品开发难度小、操作简易，是旅行社开发度假旅游产品和专项旅游产品的基础。但是，该产品也存在着一些不足，主要表现在旅游者参与项目少、对旅游目的地感受不深等方面。

 **专栏 2-1**

蓄力奋进　共赴远大前程
——文化和旅游领域　党的二十大代表热议党的二十大报告

2022 年 10 月 16 日，习近平总书记在中国共产党第二十次全国代表大会作了题为《高举中国特色社会主义伟大旗帜 为全面建设社会主义现代化国家而团结奋斗》的报告。代表们一致认为，这是一份全面阐述过去 5 年工作和新时代 10 年伟大变革求真务实的报告；是一份闪耀着马克思主义真理光芒、具有深刻历史洞察力、重要理论引领力、强大实践指导力的报告；是一份全面擘画未来、描绘中华民族伟大复兴光辉前景的报告，必将鼓舞和动员全党全国各族人民在以习近平同志为核心的党中央坚强领导下，踔厉奋发、勇毅前行，奋力谱写全面建设社会主义现代化国家崭新篇章。

习近平同志 10 月 17 日上午在参加党的二十大广西代表团讨论时强调，全党全国各族人民要在党的旗帜下团结成"一块坚硬的钢铁"，心往一处想、劲往一处使，推动中华民族伟大复兴号巨轮乘风破浪、扬帆远航。

广西梧州六堡镇山坪村党支部书记、村委会主任，自治区非遗项目六堡茶制作技艺代表性传承人祝雪兰作为现场代表之一，就发展特色农业产业作发言汇报，并结合实际对报告发表了意见。自 2008 年成为山坪村党支部书记后，祝雪兰带领全村群众发展六堡茶产业，并实现整村脱贫致富。此次习近平总书记的报告让她对乡村振兴有了更清晰的目标："报告中所描绘的实现全体人民共同富裕的美好蓝图，讲到了广大人民的心坎上，也给农村、农业、农民带来了新希望。中国式现代化是全体人民共同富裕的现代化，我们要把人民放在心上，谨记江山就是人民，人民就是江山。"祝雪兰坚定地说，"回去后，我要带头学习好、宣传好党的二十大精神，把六堡茶产业做大做强，带领大家一起奋斗，早日实现共同富裕！"

"习近平总书记的讲话字字铿锵、催人奋进，讲话中的新思想、新理念既具有一脉相承的继承性，又具有精准地契合于时代需要的原创性。他给我们传递了强大的精神力量和巨大的精神鼓舞。"中央民族乐团团长、党委副书记赵聪在人民大会堂现场聆听了习近平总书记的报告后激动地说。

习近平总书记在党的二十大报告中指出，我们确立和坚持马克思主义在意识形态领域指导地位的根本制度，社会主义核心价值观广泛传播，中华优秀传统文化得到创造性转化、创新性发展，文化事业日益繁荣，网络生态持续向好，意识形态领域形势发生全局性、根本性转变。

"党的十八大以来，以习近平同志为核心的党中央以高瞻远瞩的战略眼光、清醒勇毅的历史自觉、深沉坚定的文化自信，推动了中华优秀传统文化创造性转化、创新性发展。"作为来自文化艺术领域一线的代表，赵聪切身感受到人们对传统文化的认同和文化自信的"强势回归"。"单是民族音乐领域的变化就翻天覆地。"赵聪举例，"国潮热""民乐风"得到越来越多关注，民乐不断扩容，"出圈"成为高频词。

"但喜于国乐传播的迅速发展之时，我们还必须清醒地认识到，网络上有关艺术领域的内容仍然存在鱼龙混杂的现象。"赵聪表示，国家院团有责任和义务树立行业标杆，改善艺术领域的网络生态环境，提升传播质量，为艺术普及贡献更大的力量。通过正向的引领，不仅要激发青年一代从文化自知到文化自信，还要在坚定的文化自信中实现文化自强。

报告指出，要增强中华文明传播力影响力，坚守中华文化立场，讲好中国故事、传播好中国声音，展现可信、可爱、可敬的中国形象，推动中华文化更好走向世界。

"这是我们文艺工作者大有作为的地方，更是我们的责任义务和使命担当。"赵聪表示，未来几年，将带领中央民族乐团与世界各地的优秀表演团体合作，在理解各国文化多元化和多样性前提下，找到相互之间产生"共感"的链接点和切入点，"扎扎实实推进民乐走出去的步伐，将中国传统音乐文化带到世界的每一个主流艺术殿堂，让世界谛听中华腾飞的声音！"

"现场聆听习近平总书记所作的二十大报告，深受教育，备受鼓舞，也更加深刻感受到过去这十年是极不寻常、极不平凡的十年。"国家图书馆典藏阅览部主任李晓明说。

报告指出，十年来，我们经历了对党和人民事业具有重大现实意义和深远历史意义的三件大事：一是迎来中国共产党成立一百周年；二是中国特色社会主义进入新时代；三是完成脱贫攻坚、全面建成小康社会的历史任务，实现第一个百年奋斗目标。这是中国共产党和中国人民团结奋斗赢得的历史性胜利，是彪炳中华民族发展史册的历史性胜利，也是对世界具有深远影响的历史性胜利。

"我们党面对严峻复杂的国际形势和接踵而至的巨大风险挑战，把握主动，提出一系列重大决策，使党和国家事业取得历史性成就、发生历史性变革，彰显了中国特色社会主义的强大生机活力。"李晓明感慨，"今天现场聆听习近平总书记的报告，更感到我们伟大的发展成就来之不易。"

"习近平总书记在报告中对中国式现代化进行了精准阐释，强调要扎实推进共同富裕，为我们未来的发展描绘了蓝图。"河南省新乡市辉县市张村乡裴寨村党支部书记、村委会主任裴春亮说。十年来，在裴春亮带领下，裴寨村通过发展"红色文化+生态旅游"，使村民在家门口创业就业、发展致富。

"有党和政府做靠山，老百姓是越活越有劲儿，越干越有奔头！"聆听报告后，裴春亮决心继续在推进农业农村现代化建设中走在前、做示范。"一年接着一年干，一件事接着一件事办，在太行山新乡段，推动形成东部以新型建材为主导，中部以智慧农业、食品、服装、光伏产业为支撑，西部以山水旅游、抽水蓄能发电为依托的绿色、多元产业布局，把宏伟蓝图变成'施工图''实景图'，带动山上山下15万父老乡亲听党话、跟党走，走好现代化的共同富裕道路。"他说。

报告强调，推进文化自信自强，铸就社会主义文化新辉煌。

在李晓明看来，这是对文化工作者提出的新要求，也是未来发展的指引。"我作为一线文化工作者的党员代表，一定要把会议精神带回去，认真学习，深刻领会，紧密结合工作实际，立足岗位，为建设社会主义文化强国作出自己的贡献。"

"能够以一名党代表的身份参加党的二十大盛会，我倍感光荣、无比自豪。此次参会，最有感触的是听到习近平总书记在大会报告中好几次提到文化。"非物质文化遗产羌族刺绣工艺省级代表性传承人陈云珍感叹，"文化是我们民族的根和魂，也是支撑我们前进和发展源源不竭的动力。"

"党的十八大以来，我亲眼见证了家乡发生的翻天覆地的变化。震后重建的北川，城乡面貌日新月异，群众生活今非昔比；曾经的伐木经济、采矿经济，已变身为地方特色、生态绿色、革命红色相融合的'三色经济'；旅游业高质量发展，绿水青山真正变成了金山银山；科技赋能，使特色农产品、手工艺品通过'云端'销往全国各地……"陈云珍一一列举。

"羌绣是国家级非物质文化遗产，这些年来，我和乡亲们一直致力于非遗的传承保护和创新发展。"陈云珍信心满满地说，"未来，我将用心用力用情履职尽责，充分发挥羌族刺绣工艺省级代表性传承人的带头作用，努力去创新和突破，让小小的绣品创造更大的价值，绣出新时代更加美好的生活，为推动乡村振兴、实现共同富裕、传承弘扬中华优秀传统文化作出新的更大贡献。"

（资料来源：中国文化报，作者：薛帅等）

（2）度假旅游产品。这是指旅行社组织旅游者前往度假地短期居住，进行娱乐、休闲、健身、疗养等消遣性活动。度假旅游产品近年来发展较快，它与观光旅游产品最主要的区别在于：在一个地点停留时间长、消费水平较高、多为散客。度假旅游产品要求度假地具备 4 项条件：环境质量好、区位条件优越、住宿设施和健身娱乐设施良好、服务水平高。对旅行社来说，度假旅游产品是适应散客旅游、自助旅游日益增多的潮流应运而生的，是值得开发的旅游产品。

"东方莫斯科"——伏尔加庄园二日休闲度假游

(3) 专项旅游产品。又称特种旅游产品，是一种具有广阔发展前景的旅游产品，具有主题繁多、特色鲜明的特点。专项旅游产品包括文化旅游、商务旅游、会议旅游、奖励旅游、探险旅游、研学旅游、乡村旅游、红色旅游、海洋旅游、生态旅游等，如图 2-2 所示。专项旅游产品适应了旅游者个性化、多样化的需求特点，广受旅游者青睐，是今后旅行产品的开发趋势。专项旅游产品的缺点在于开发难度大，操作程序多，有时需要多个部门的协作与参与，费用一般较高。这在一定程度上抑制了旅行社对此项产品的开发积极性。

"印象江南"
华东五市+乌镇四日游

★高品质接待：全程入住连锁酒店，自助早餐，正餐 30 元/人。

★行程特色：西湖、乌镇、狮子林、木渎、灵山大佛等江南标志性景点一应俱全，全程仅 4 个正规购物店，让您真正饱览秀美江南！

第一天　早上乘空调旅游车出发赴六朝古都——南京，途中午餐自理。抵达南京后游览中山陵景区(约 1.5 小时，周一闭馆)，参观博爱坊、碑亭、墓室等，缅怀孙中山先生；参观夫子庙商业街(约 1 小时)，秦淮河畔品尝金陵小吃，游览秦淮河风光带、乌衣巷口。

第二天　早餐后，乘车赴人间天堂——杭州。船游西湖(约 40 分钟)，漫步苏堤、感受浪漫西湖的诗情画意，观三潭印月、白堤、断桥、孤山、平湖秋月等，远观雷峰新塔，倾听白娘子的美丽传奇故事；到茶楼品龙井茶(约 1 小时)，观钱塘江大桥、六和塔外景，游览新西湖十景之一的"花港观鱼"(约 30 分钟)，观红鱼池、御碑亭、孔雀园，参观天蚕或茧都丝绸(约 1.5 小时)；晚上可自愿自费欣赏世界三大名秀之一——宋城千古情，欣赏精彩绝伦的"给我一天，还你千年"的大型表演或传承西湖文化、演绎世界经典的"西湖之夜"大型文艺表演(门票自理，约 2 小时)，以艺术表演与西湖景色融为一体，静态艺术与动态艺术相结合的观赏形式，将使人们更全面、更深层次地了解和领略西湖文化的历史底蕴及西湖夜景的优美情趣，倾听西湖的历史以及发生在西湖边的动人故事。

第三天　早餐后，乘车赴中国最后的枕水人家、茅盾故里——乌镇(约 1.5 小时)，观江南百床馆、林家铺子、茅盾故居；后乘车赴国际化大都市——上海，抵达后车游浦东新区、南浦大桥或杨浦大桥、浦江隧道，外观东方明珠塔(登塔费用自理)、陆家嘴金融贸易区、APEC 国际会议中心外景、金茂大厦，外观 2010 年世博园会场之中国国家馆，参观德国希尔曼刀具展览中心(约 1 小时)，逛南京路步行街(约 1.5 小时)，游"万国建筑博览会"之外滩；晚上可自愿自费观赏美丽的上海夜景(含浦江游船和登金茂大厦门票，约 2 小时；或登东方明珠塔)。

第四天　早餐后，乘车赴东方水城——苏州，游览苏州四大名园之一、国家 4A 级景区——狮子林(约 1 小时)，观燕誉堂、真趣亭、九狮峰等，参观太湖淡水珍珠馆(约 1 小时)，外观寒山寺；后游览乾隆六次到过的千年水乡古镇木渎镇(约 1.5 小时)，苏州园林的典范严家花园、刘墉曾二度下榻处虹饮山房，乘摇橹小船游香溪，在小桥流水中品味水乡古镇的千年历史(自费欣赏美丽的苏州古运河风光，约 1 小时)，后乘车返回温馨的家园，结束愉快的华东之旅！

图 2-2　印象江南游

 **专栏**

读党的二十大报告，看文旅五大重点领域发展

在党的二十大报告(全文版)中，"旅游"仅出现了两次。但与旅游相关的历史文化、红色资源、乡村振兴、低碳发展、海洋经济、数字经济等词汇频繁出现，或昭示着今后较长一段时间里旅游发展的重点领域。

文化旅游
讲好中国故事，传播中国好声音

在党的二十大报告(全文版)中，"旅游"仅出现的两次均与"文化"紧密相连，"文化"更是单独出现了58次之多。第一次是在第八部分【推进文化自信自强，铸就社会主义文化新辉煌】第四小节【繁荣发展文化事业和文化产业】，"坚持以文塑旅、以旅彰文，推进文化和旅游深度融合发展。"在这句话之前，还有一句是"加大文物和文化遗产保护力度，加强城乡建设中历史文化保护传承，建好用好国家文化公园。"

不难看出，未来的旅游与文化的关系将会更加紧密，顺应趋势为旅游产品注入文化内涵的企业方可存活。

过去，业内更多地认为"文化旅游"属于运动范畴，是旅游的一种类型。"文化"是其吸引物和游客出游目的所在，也是其不同于其他旅游类型的地方。

现在，"文化旅游"更多地被简称为"文旅"。原本的"旅游"慢慢地好像只剩下了动词含义，即"去旅游"；其名词含义"旅游活动""旅游行为""旅游行业"等慢慢地被"文旅"所替代。"文化"和"旅游"密不可分，"文化"成为"旅游"应有之义。

党的二十大报告中还提到了"讲好中国故事、传播好中国声音"。未来一段时间里，主旋律、正能量景区、故事仍将受到舆论、年轻群体追捧。

第二次是在第十三部分【坚持和完善"一国两制"，推进祖国统一】，"发挥香港、澳门优势和特点，巩固提升香港、澳门在国际金融、贸易、航运航空、创新科技、文化旅游等领域的地位，深化香港、澳门同各国各地区更加开放、更加密切的交往合作。"

这里的用词也印证了上面的说法，"旅游"的名词含义正在慢慢地被"文旅"所替代。党的二十大报告中"旅游"第一次出现的表述是"以文塑旅、以旅彰文，推进文化和旅游深度融合发展。"这里的"文化"和"旅游"还是两个概念。而到了"旅游"第二次出现的时候，表述直接就是"文化旅游"了。综合考虑其语境，基本等同于过去"旅游"所表达的含义。

红色旅游
用好红色资源，抓好宣传教育

在党的二十大报告中，关于"红色"的内容无法通过统计某个或某几个字词来佐证其重要或是不重要；但关于"红色旅游"是未来一段时间内旅游发展的重点领域这件事，想必是毋庸置疑的。

除却无法估量的重视外，在第八部分【推进文化自信自强，铸就社会主义文化新辉煌】第二小节【广泛践行社会主义核心价值观】也有写道，"用好红色资源，持续抓好党史、新中国史、改革开放史、社会主义发展史宣传教育。"

红色旅游主要是指以中国共产党领导人民在革命和战争时期建树丰功伟绩所形成的纪

念地、标志物为载体,以其所承载的革命历史、革命事迹和革命精神为内涵,组织接待旅游者开展缅怀学习、参观游览的主题性旅游活动。

进入新时代,红色旅游发展迅猛。现已建成 300 家红色旅游经典景区,近三年来全国红色旅游接待游客累计达 34.78 亿人次,综合收入达 9295 亿元。

未来很长一段时间内,通过场景营造、文旅演艺等多种方式用好旅游资源仍会是潮流。

乡村旅游

全面推进乡村振兴,发展乡村特色产业

第四部分【加快构建新发展格局,着力推动高质量发展】第三小节【全面推进乡村振兴】,"加快建设农业强国,扎实推动乡村产业、人才、文化、生态、组织振兴。发展乡村特色产业,拓宽农民增收致富渠道。统筹乡村基础设施和公共服务布局,建设宜居宜业和美乡村。"

党的二十大报告指出,"全面建设社会主义现代化国家,最艰巨最繁重的任务仍然在乡村。"

举国关注乡村,建设美丽乡村。未来一段时间内旅游行业发展机会也会在乡村。

生态旅游

绿水青山就是金山银山

在党的二十大报告中,"生态"总计出现了 30 次,其中 26 次为关于"生态保护"的"生态"。"绿色"出现了 13 次,"低"出现了 8 次,"人与自然和谐共生"出现了 3 次,"绿水青山就是金山银山"出现了 2 次。

第十部分【推动绿色发展,促进人与自然和谐共生】引语部分,"必须牢固树立和践行绿水青山就是金山银山的理念,站在人与自然和谐共生的高度谋划发展。"第三小节【提升生态系统多样性、稳定性、持续性】,"以国家重点生态功能区、生态保护红线、自然保护地等为重点,加快实施重要生态系统保护和修复重大工程。推进以国家公园为主体的自然保护地体系建设。推行草原森林河流湖泊湿地休养生息。建立生态产品价值实现机制,完善生态保护补偿制度。"

和"文化旅游"有着异曲同工之妙,未来的"生态旅游"也将不局限于是旅游的一种类型,而是成为发展旅游不可或缺的一部分。同时,低碳环保的旅行方式(如骑行、滑雪、露营等)将进一步受到市场的追捧,国家公园、自然保护区、自然公园等将会吸引越来越多的游客慕名而来。

海洋旅游

发展海洋经济,加快建设海洋强国

第四部分【加快构建新发展格局,着力推动高质量发展】第四小节【促进区域协调发展】,"发展海洋经济,保护海洋生态环境,加快建设海洋强国。"

(资料来源:擎天文化,http://www.19750.cn/news/shownews.php?id=51)

(三)旅行社旅游线路产品设计的工作流程

旅游线路产品设计的工作流程为收集旅游线路产品信息;分析信息、论证线路设计可行性;提出新线路产品,设计思路,制订旅游产品设计计划;实地景点考察;形成初步方案;确定最终旅游线路产品方案,如表 2-1 所示。

表 2-3　旅游线路产品设计的工作流程

工作流程	设计工作内容	设计重点	标　准
收集旅游线路产品信息	通过对产品市场环境和旅游者消费行为的调查研究，旅行社获取相关旅游者和旅游中间商的需求、竞争对手的产品信息	收集信息	线路产品信息的有效性
分析信息、论证线路设计可行性	计调人员根据所掌握的信息资料及本旅行社自身运转状况及接待、销售能力等，对其进行可行性分析	制订旅游线路产品设计计划书	线路产品信息的有效性、市场分析的客观性和合理性
提出新线路产品，设计思路，制订旅游线路产品设计计划	整合信息，形成旅游线路产品创意，制订计划书，旅行社经理审批新线路产品设计计划		
实地景点考察	对新线路产品行程、线路、旅游站点和地接社进行实地考察，以确定行程是否合理、全程费用情况等材料，计算成本和收益	旅游线路产品设计可靠性论证	真实性、可行性、收益性
形成初步方案	分析、研究、确定新线路产品的各项内容，初步形成方案	确定最终旅游线路产品设计方案	线路产品有创意，市场定位明确
确定最终旅游线路产品方案	将初步方案报上级审核、审批，对方案进行修订，直到确定最终旅游线路产品方案		

 工学结合

情景介绍：

国庆期间，启航旅行社组织一个旅游团游览××寺，从寺中出来后，游客被一群算命先生围住。这群人能言善辩，且强拉游客算命。他们事先说算命不要钱，可是算完了却非收钱不可，甚至伸手去游客包里掏钱，弄得游客纷纷谴责导游，说旅行社不应该安排此类景点，表示要投诉。(此案例纯属虚构，如有雷同纯属巧合)

情境思考：

此案例给我们在进行旅游线路产品设计时以怎样的启发？

项目名称	旅行社新线路产品设计
实训目的	通过此项目，让学生掌握线路产品设计的原则、内容，熟悉线路产品设计的工作流程，锻炼其线路产品设计开发能力
实训要求	以小组为单位进行实训； 考核团队分工协作； 要求结合本地实际，设计一项能符合市场需求、对游客有吸引力的线路产品； 小组讨论、研究，提交最终新线路产品设计方案
实训成果	确定新线路产品设计方案

工学结合

请同学们根据山东省的旅游资源特点，设计一条山东省主题旅游线路产品。

小　　结

本子情境主要是介绍地接计调工作流程。通过本子情境的学习，可了解地接计调对旅行社旅游线路产品的设计、组合和包装，能够进行简单的线路设计。

子情境二　旅游线路产品定价

一、下达任务

> 广东某旅行社推出广州—深圳—珠海"特惠线"，并以"为感谢老顾客，惠顾新朋友"的口号。在常规接待基础上，为感谢新老顾客推出的薄利多销并承诺保证质量的一种新的尝试。全程报价898元/人。
>
> **具体安排如下。**
>
> **第一天　广州　　住宿：广州/珠海　　用餐：中餐**
>
> 早餐后，前往广州越秀公园，观广州城标——五羊塑像(约1小时)。赴广州大学城(小谷围岛)南部，游览体验岭南乡土风情和岭南民俗文化的旅游风景区——岭南印象园+黄埔军校(自费约120分钟)，这里展现了岭南传统文化精华，复原岭南民间繁荣生活场景，满足现代都市人不断增长的文化溯源、访古寻幽、复归田园的旅游需求，满足了广大游客一天了解岭南民间千年古文化的心愿。参观世界著名四大军校之一的黄埔军校，它是孙中山在中国共产党和苏联的支持下建立的一所新型军事学校。参观老西关荔枝湾涌，广州闻名的千年水乡——广州西关荔枝湾(50分钟)，这里是广州市区历史悠久的风景名胜，素有"小秦淮"之称。游览参观石之魂地矿馆(约40分钟)。乘豪华大邮轮游览可媲美香港维多利亚港的珠江美景(自费)。入夜，华灯璀璨，游船从黄沙码头出发向东行驶，沿途景观有海珠丹心、鹅潭夜月、白天鹅宾馆、二沙岛风情别墅、星海音乐厅、广州亚运会开幕场馆海心沙广场、高达600米的世界第一高塔——广州塔(别名"小蛮腰")。观后返回酒店。
>
> **第二天　区间：珠海/深圳　　住宿：珠海/深圳　　用餐：早、中、晚餐**
>
> 早餐后，赴广东省中山市翠亨村，游览中山市的全国重点文物保护单位孙中山故居(约60分钟)。赴有"小新加坡"之称的珠海，抵珠海后车游情侣路，观献珠渔女。参观银帆和信中心(约45分钟)，特别赠送游国家首批旅游景区——圆明新园(不含园内小门票，缆车自费)，圆明新园完美再现了当年北京圆明园皇家园林的宏伟气势，被誉为"中国南部唯一的皇家园林"，融古典皇家建筑群、江南古典园林建筑群和西洋建筑群为一体，为游客再现了清朝风华，它以其浓厚的文化、精雅别致的亭、台、楼、阁和气势磅礴的大型舞蹈表演吸引了无数国内外游客。
>
> 前往石博园(自费，约1小时)，在这里可以看到神奇的会开花的石头、会长大的石头、会唱歌的石头等。石博园充分演绎石头与音乐、石头与宗教、石头与人类文明、石头与生态、石头与绘画艺术、石头与爱情、石头与科普、石头与保健的密切关系。晚餐后，夜游澳门环岛(自费)，乘豪华的游轮从湾仔旅游码头出发，沿澳门的海岸线航行。沿途可尽情浏览珠澳两地万家灯火、火树银花的美丽夜景，澳门是闻名中外的"不夜城"，在朦胧的夜色中沐海风、踏轻浪去观赏澳门七彩斑斓的繁华景色，是

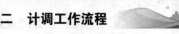

来珠海旅游者之最佳选择。那象征中葡友谊的融和门、香火不绝的妈祖庙、历史悠久的主教山、似梦亦真的变色楼、古色古香的海上皇宫以及世界闻名的葡京大赌场，无不充满迷人的魅力，每逢中秋期间举办的国际烟花大赛，更是五彩缤纷、海空辉映、美景奇观、万人争睹。丰富多彩的澳门环岛游给游客留下了深刻的记忆。

推荐自费：圆明新园缆车、石博园、澳门环岛游；购物店：和信中心40分钟。

第三天　区间：珠海/深圳　住宿：深圳/广州　用餐：早、中、晚餐

早餐后，前往改革开放最前沿——深圳市，经中国第一桥——虎门大桥，途中可远眺威远炮台、全国最大的鸦片战争爱国教育基地——海战博物馆。抵深圳后车游国家文明路——深南大道，外观中国首个突破一百层的大楼京基100大厦。参观堪比鸟巢的大运会主场馆"春茧"，它代表破茧而出的孵化器，也寓意着优秀青年运动员冲向世界"破茧而出"。参观竹源生态馆（约40分钟）。

参加深圳经典游(套票自理)：游"一国两制"的缩影——中英街(约1.5小时)，看以碑为界，一半是香港，一半是内地的怪异一条街；游锦绣中华民俗村，其以"一步迈进历史，一日锦绣中华"的恢宏气势被誉为"开中国人造景观之先河"的杰作；并以"二十五个村寨，五十六民族风情"的丰厚意蕴赢得了"中国民俗博物馆"之美誉(约2小时，含东方霓裳大型中华服饰表演)。

推荐自费：深圳经典游套票；购物店：竹源生态馆40分钟。

请分析上述案例中，广东某旅行社竞争的法宝是什么？

旅行社产品价格是旅游者为实现旅游活动需要向旅行社支付的费用，是旅行社所提供的产品价值的货币表现。旅游产品的价格仍然是在价值规律影响下的价格。其价格构成与有形产品(一般产品)稍有不同。一般产品的价格由原材料价格、劳动力价格和利润3个部分组成，而旅游产品的价格则由旅游者的实际花费、服务费用和利润3个部分组成。

二、填写任务单

任务单如表2-4所示。

表2-4　任务单

小组成员：		指导教师：
任务名称：	模拟地点：	
任务描述	模拟角色，分析案例中旅行社竞争的法宝是什么？	
任务资讯重点	主要考查学生对旅游产品定价的尝试思考、分析问题、解决问题和口头表达能力	
小组成员 讨论记录		
小组成员 发言总结		

三、任务整体评价考核点

(1) 旅行社进行产品定价时的考虑因素。

(2) 旅行社产品价格的构成要素。

(3) 旅行社产品的定价策略。

四、相关知识点

(一)旅行社产品价格的构成

1. 旅游者的实际花费

旅游者的实际花费是指在旅游过程中各个环节的享用费或使用费,如吃、住、行、游、玩(娱)的实际花费。

2. 服务费用

(1) 全陪及地陪的服务费。导游讲解是一种体力与脑力结合的辛苦劳动,因为有面对面的人工服务,导游的服务包含一些技术含量,给他们相应较高的报酬,是对人权尊重的体现,也是对导游智能、体能付出所给予的肯定和回馈。

(2) 旅行社的其他人工成本。如计调、财务等后台人员虽然没有直接为某一个团队服务,却是旅行社运作旅行团、推销旅游产品所必需的人员。

(3) 向国家上交的税收。

(4) 旅行社联络交际费用。如发传真、打电话、租用办公室的费用,旅行社为联络感情、沟通业务,与有业务联系的旅行社、景点、饭店、餐厅、商店、娱乐场所等进行交际、交往的费用,旅行社在推出新的旅游产品之前进行踩线、踩点的费用等。

3. 利润

旅行社为旅游者提供上述服务所获得的报酬。

(二)旅行社产品价格制定的主要影响因素

旅行社产品价格有两大特点:一是综合性,是指旅行社产品覆盖跨度大,具有旅游产品综合性的特征;二是灵活性,是指旅游产品的价格受各种因素的影响,变化大、种类多。

1. 旅游产品的价值决定旅游产品的供给价格

供给价格是旅游产品价格的下限,低于这一下限,旅游经营者所付出的社会必要劳动就得不到合理的补偿,旅游产品的再生产就难以继续。

 案例分析

低价团等于"低质团"

"五一"期间,李先生在货比三家后,决定参加一个价格比其他旅游团低了近千元的旅游团。李先生说,除了不是住五星级酒店,而是准三星级酒店以外,自己看不出来其中有什么区别。但是跟团出发后才发现很多问题。首先,说好晚机出发,李先生当时以为是晚上8时,但是没想到到了机场以后,旅行社说晚机订的是晚上11时的。其次,到达目的地已经很晚了,对住的地方已经有了思想准备,但是没想到的是饭很难吃,旅游3天,李先生吃不到一餐满意的饭，人多、菜差。最后，让李先生受不了的是，多数景点竟然是不用买门票的公园，还有一些景点仅仅是在外面看一下，或者坐在车上观望一下就过去了，游客根本没有进入景区参观。

分析与提示：

"五一"期间一些低价线路产品被推出，但是许多低价团暗含"机关"，如餐标为10元，航班为红眼航班，车差、住宿差、景点差等。除了一些大社包机降低成本等特殊情况外，许多同样线路的低价团相当于低质团，旅行社会在景点、飞机、住宿、餐标上面节约成本，在行程上一些文字也会有透漏，如"外观""远眺""车游"都是指不进景点的，"自费"则是说明要自己付门票的。

2. 旅游产品供求关系决定需求价格

需求价格是指在一定的时间内旅游者对一定量的旅游产品愿意和能够支付的价格，它表现为旅游者的需求程度和支付能力。在资源一定的情况下，需求越多，价格越高；需求减少，价格也就降低。

例如，旅游旺季出行人数趋多，机票价格扶摇直上，而一到淡季，票价高位跳水，折扣从7折、5折，直至3折不等。三亚的旅游旺季是圣诞节到春节，"五一"和"十一"期间，其他时候都是平季或淡季。淡季旅游时，不仅车好找，而且由于游人少，一些宾馆在住宿上都有优惠，可以打折，折扣高的达50%以上。在吃的问题上，饭店也有不同的优惠。因此说，淡季旅游比旺季在费用上起码要少支出30%以上。

3. 旅游市场竞争(状况)决定市场成交价格

旅游市场竞争通过旅游产品的供给者之间、需求者之间和供给者与需求者之间的竞争决定市场成交价格。供给者之间竞争的结果使市场成交价格在较低的价位上实现；需求者之间竞争的结果，使市场成交价格在较高的价位上实现。因此，当旅游产品供过于求时，旅游价格只能体现旅游经营者的生存目标，从而表现为较低的供给价格；当旅游产品供不应求时，旅游价格可以体现旅游经营者的利润最大化目标，从而表现为较高的交易价格，但不能超过旅游需求价格。随着旅行社的利润越来越薄，旅游者对购物、自费项目怨言也越来越多，旅游者数量明显滑落。为了提升旅游的品质，吸引更多的客源，无购物(No Shopping)团应运而生。

No Shopping 游

4. 特色旅游项目调节旅游产品的价格

旅游产品特色越明显，越具有垄断性，其价格就可定得越高。要改变削价竞争，就必须以产品差异竞争代替价格竞争，而差异竞争很多时候是以特色的形式出现的。

(三)旅行社经营目标和价格制定目标

1. 以获取利润为目标

增强旅游企业的市场竞争力，使其在市场竞争中不断谋求有利地位，较好地实现旅游产品的价值，并取得尽可能多的收益。这种旅游定价是以获取最大利润、一定的目标收益和平均利润为目标。

2. 以保持和扩大市场占有率为目标

市场占有率，又称市场份额，是指某旅游企业产品销售量或旅游收入在同类产品的市场销售总量或旅游总收入中所占的比重。市场占有率是企业发展的基础，代表着潜在的利润率。旅游企业的市场份额越大，就越有发展潜力，增加利润的机会就越多。这种旅游定价是以稳定价格、助力市场推销和符合市场行情为目标的。

3. 以反映旅游产品质量为目标

产品质量是产品价值的表现，是产品价格的基础。旅游产品价格必须反映旅游产品质量，只有质价相符，才能吸引旅游者，提高销量，实现收益的最大化。旅游定价选择这种定价目标具体又可分为以下3种类型。

(1) 反映旅游产品特色的目标。旅游产品特色是指产品的造型、质量、功能、服务、品牌、文化氛围的全部或部分，它反映了旅游产品对旅游者的吸引力。旅游产品有特色，旅游者不仅对该产品满意，而且还会期望通过消费这种旅游产品来展示自身的与众不同以获取精神上的满足。因此，这种旅游产品在定价时具有有利地位，相应地，其价格也要比其他同类旅游产品高。

(2) 反映旅游产品垄断的目标。旅游资源是旅游产品形成的基础，一定的时空环境里通过科学开发和组合旅游资源而形成的旅游产品具有稀缺性，其价格也就具有垄断性。如深圳锦绣中华、西安秦始皇兵马俑和云南石林等这类产品的稀缺性使之与同行业竞争对手相比具有很强的竞争能力，旅游者的边际需求评价较高，因此其定价高于其他同类旅游产品的价格。

(3) 提高旅游者满意度的目标。旅游者通过旅游获得精神上的体验，留下长久的回忆，旅游服务对旅游者的心理感受和满意度影响很大。由于旅游者的文化背景、个人素养不同，阅历各异，因此，对于相同的旅游服务(即使是标准化的、规范化的服务)不同的旅游者会有不同的感受，从而形成不同的评价。旅游企业针对不同旅游者的需求提供有针对性的服务，会得到旅游者的较高评价，进而提高旅游者的满意度，因此可以确定较高的旅游价格。

(四)旅行社产品的定价策略及其选择

旅游产品的定价，需要以科学的理论和方法为指导，同时由于竞争和旅游消费者的需要，还必须有合适的定价策略。旅游企业产品的定价策略就是根据旅游市场的具体情况，从定价目标出发，灵活运用价格手段，使其适应市场的不同情况，实现企业的经营目标。一般来说，旅游企业产品的定价策略主要有新产品定价策略、心理定价策略和折扣定价策略。

1. 新产品定价策略

一种新产品投入市场前应当如何定价，这是任何企业都会遇到的问题。新的产品投入市场后能否受到旅游消费者的欢迎，除了产品自身的因素外，其定价策略也起着十分重要的作用。研究、制定和选择有效的旅游定价策略，是实现旅游定价目标的重要环节。在不同的生命周期阶段上，旅游企业应该根据不同的市场特征和产品特征采取以下策略。

1) 撇脂定价策略

撇脂定价策略是一种高价格策略，又称取脂定价策略或撇油定价策略，是指企业在推出新产品时，在产品价格的可行范围内尽可能地制定高价，以便在短期内获取较高利润的定价策略。这种定价策略比较适合于旅游产品特点明显，垄断性强而且其他旅游企业在短期内难以仿制或开发的旅游产品。

撇脂定价策略的优点：①可以使企业迅速收回对新产品的投资，短期内实现利润最大化；②可以为后期降价竞争创造条件；③可以控制一定的需求量，避免新产品投入市场初期，由于供给能力不足而出现新产品断货脱销；④可以提高产品身价，树立企业形象。

撇脂定价策略的缺点：①如果高价不被消费者接受，产品的销路就会受影响，投资将难以收回；②高价厚利容易导致竞争对手增多，市场竞争加剧。因此，这种价格策略，一般不宜长期使用，而只能是一种短期的价格策略。

2) 渗透定价策略

渗透定价策略是一种低价格策略，即利用旅游者求实惠、求廉价的心理，以相对低廉的价格，力求在较短的时间内让更多的旅游者接受新产品，从而获得尽可能大的市场占有率的定价策略。这种定价策略有利于旅游企业尽快打开销路，缩短导入期，争取旅游产品迅速成熟完善；同时，还可以阻止竞争者进入市场参与竞争。但这种定价策略不利于尽快收回投资，影响后期进一步降价销售，而且遇到强劲对手时可能会遭到重大损失。

渗透定价策略的优点：①能够迅速打开新产品的市场销路，增加产品销售量；②低价能够有效阻止竞争者进入市场，保证企业长期占领市场。

渗透定价策略的缺点：①由于产品定价很低，在短期内无法获得足够的利润来弥补新产品的投资；②价格变动余地小，不利于新产品后期降价竞争；③不利于新产品品牌形象的树立。

3) 满意定价策略

满意定价策略是一种介于撇脂定价和渗透定价之间的价格策略。它所定的价格低，但比渗透价格要高，是一种中间价格。这种定价策略因能使生产者和消费者都比较满意而得名，有时又称"君子价格"或"温和价格"。这种定价策略由于兼顾了供给者和需求者双方的利益，既能使企业有稳定的收入，又能使消费者满意，产生稳定的购买者，因而各方面都会满意。但是这种价格策略也有不足之处：由于产品的定价是被动地适应市场，而不是积极主动地参与市场竞争，因此可能使企业难以灵活地适应瞬息万变的市场状况。

2. 心理定价策略

心理定价策略是在充分考虑旅游消费者不同的消费心理，特别是对产品价格的心理反应的基础上，区别不同旅游产品而采取灵活的定价策略。

1) 尾数定价策略

尾数定价策略是指企业定价时有意保留产品价格的角分尾数,制定一个与整数(或整百、整千的数)有一定差额的价格,所以又称为非整数定价策略。如某些旅游产品定价在599元、999元、1599元,给人不到整数进位的价格,但实质上相差无几。

2) 整数定价策略

与尾数定价策略正好相反,整数定价策略是旅游企业有意识地将产品价格制定为整数,尤其是具有吉祥意义或象征意义的数字,如2000元、1980元、980元等。

3) 声望定价策略

声望定价策略是指旅游企业对具有较高知名度和较高信誉的旅游产品制定高价。这一策略主要是针对消费者求名、求胜的心理需要。

4) 招徕定价策略

招徕定价策略是旅游企业有意识地把一部分产品价格定得很低,让这部分产品发挥促销导向作用,吸引潜在的旅游消费者,从整体上提高企业的销售收入,增加盈利。如旅行社在某些节日或周年庆典日在本地区举行特殊活动的时候,适度降低产品或服务的价格以刺激旅游者,招徕生意,增加销售。一般来说,采用这种策略时必须要有相应的广告宣传配合,才可能将这一特殊时间和信息传递给旅游者。

5) 习惯定价策略

习惯定价策略是指某些旅游产品在长期的市场交换过程中已经形成了为消费者所适应的价格,企业对这类产品定价时要充分考虑消费者的习惯倾向,采用"习惯成自然"的定价策略。

3. 折扣定价策略

折扣定价策略是旅游企业通过对原有旅游产品价格打一定的折扣,以此来争取旅游消费者(或旅游中间商),维持和扩大市场销售额的一种策略。

1) 数量折扣策略

数量折扣是根据顾客购买旅游产品的数量或金额来决定所打折扣的程度。购买数量越大、金额越多,折扣率就越高,这是鼓励消费者大量购买和频繁购买的一种定价策略。数量折扣又可分为如下类型。

(1) 累计数量折扣。累计数量折扣是指一定时期内,消费者购买的数量可以相加,当购买数量或金额达到一定量后,可以享受一定比例的价格折扣。其目的是鼓励旅游者多次重复购买,使企业有一批较稳定的长期顾客。在有些情况下,企业对达到数量折扣要求的消费者并不给予低价,而是给予一定数量的免费产品,这种现象在旅馆业中比较多见。

(2) 非累计数量折扣。非累计数量折扣是指消费者一次性购买的数量或金额达到或超过一定标准时就给予一定的价格折扣,旨在鼓励消费者一次性大量购买。

2) 季节折扣策略

季节折扣是指旅游企业在经营过程中,在产品销售淡季时给予旅游者一定的价格折扣。

3) 同业折扣策略

同业折扣策略又称功能折扣策略、交易折扣策略,是指旅游企业按照各类旅游中间商在市场经营中的不同作用,给予不同的价格折扣。同业折扣策略实际上是生产企业对中间商在市场销售中所发挥的功能，给予一定报酬和奖励，有利于稳定旅游产品的销售渠道。同业折扣策略是以经济手段鼓励旅游中间商多向旅行社输送客源，调节旅游中间商输送旅游者的时间或鼓励旅游中间商及时向旅行社付款，以避免不良债权的重要方法。同业折扣策略包括数量折扣策略、季节折扣策略和现金折扣策略3个类型。

(1) 数量折扣策略。数量折扣策略是旅行社为了鼓励旅游中间商多向旅行社输送客源所采取的一种策略。采用这种策略的旅行社以旅游产品的基本价格为基础，根据旅游中间商销售旅游产品的销售额给予他们一定程度的折扣。

(2) 季节折扣策略。季节折扣策略是旅行社针对旅游淡、旺季明显的特点，为了调节旅游中间商向旅行社输送旅游者的时间所采取的一种管理策略。通过这种方法，旅行社可以达到鼓励旅游中间商在旅游淡季多向旅行社输送客源，平衡旅行社全年旅游接待流量的目的。

(3) 现金折扣策略。现金折扣又称付款期折扣，是旅行社为了鼓励旅游中间商尽快向旅行社付款，避免或减少拖欠款、呆账等不良债权而采取的管理措施。企业采用这种定价策略的目的是鼓励旅游消费者和旅游中间商提前付款，以便尽快收回现金，加速资金周转。

例如，某条旅游线路的价格为450元，旅游合同中注明"3/20 净价30"，意思是：如果在成交后20天内付款可享受3%的现金折扣，但最后应在30日内付清全部货款。

(五)旅游产品的定价方法

旅游产品的定价方法是旅游企业在特定的定价目标指导下，根据企业的生产经营成本，面临的市场需求和竞争状况，对旅游产品价格进行计算的方法。旅游定价方法选择得正确与否，直接关系着旅游定价目标能否顺利地实现，关系着旅游业的经济效益能否有效地提高。通常，旅游定价方法有以下几种。

1. 成本导向定价法

成本导向定价法是以旅游企业的成本为基础来制定旅游产品价格的方法，成本加上企业的盈利就是旅游产品的价格。该方法是在旅游产品的单位成本上加上一定的毛利计算出单位旅游产品的价格。其计算公式如下：

单位产品的价格 = 成本+成本 × 成本加成率(成本利润率) = 成本 × (1 + 成本加成率)

例如：某旅游线路成本为2000元，成本加成率为20%，则其价格 = 2000 × (1 + 20%) = 2400元

2. 需求导向定价法

需求导向定价法就是根据旅游者的需求程度、需求特点和旅游者对旅游产品价值的认识和理解程度来制定价格，需求强度大时定高价，需求强度小时定低价。

(1) 理解价值定价法。理解价值定价法是以旅游者对旅游产品的认识程度为依据而制定价格的方法。这种定价方法的特点是根据旅游者的主观感受和评价(而不是产品成本)来定价。

(2) 区分需求定价法。区分需求定价法又称差别定价法，是对同一产品制定出两种或多种价格，分别运用在各种需求强度不同的细分市场上。其具体形式如下。①同一旅游产品针对不同旅游者的差别定价。不同的消费者，他们的收入不同，消费水平也不同，针对他们实施不同的价格，可以增加企业的销售量。②同一旅游产品针对不同地点的差别定价。

同一旅游产品，如果销售的地理位置不同，经营环境发生改变，旅游产品的价格也可相应做出调整。③同一旅游产品针对不同时间的差别定价。如淡、旺季价格的不同，旅馆在周末与平时的价格不同。

3. 竞争导向定价法

竞争导向定价法是指旅游企业在市场竞争中为求得生存和发展，参照市场上竞争对手的价格来制定旅游价格的定价方法。在这种定价方法中，竞争是定价要考虑的中心，竞争对手的价格是定价的出发点，而产品的成本、市场需求的强度不会对企业定价产生直接的影响。

(1) 同行比较定价法。同行比较定价法是指以同行业的平均价格水平或领导企业的价格为标准来制定旅游价格的方法。

(2) 率先定价法。率先定价法是指旅游企业根据市场竞争环境，率先制定出符合市场行情的旅游价格，以吸引旅游者而争取主动权的定价方法。

(3) 排他性定价法。排他性定价法是指以较低的旅游价格排挤竞争对手、争夺市场份额的定价方法。如果说同行比较定价法是防御性的，那么排他性定价法则是进攻性的。

排他性定价法包括以下两种低价法。①绝对低价法。本企业旅游产品价格绝对低于同种旅游产品的价格，这样可以争取更广泛的顾客，排挤竞争对手；还可以使一些参与竞争的企业望而生畏，放弃参与竞争的念头。②相对低价法。对某些质量好的名牌旅游产品，适当降低价格，缩小名牌旅游产品与一般旅游产品的价格差异，以促使某些低质的同类旅游产品降低价格，直至这些企业因无利可图而退出市场。

(4) 边际贡献定价法。边际贡献是指每增加单位销售量所得到的收入超过增加的成本的部分，即旅游产品的单价，减去单位变动成本的余额，这个余额部分就是对旅游企业的"固定成本和利润"的贡献。边际贡献定价法又称变动成本定价法，也就是旅游企业根据单位产品的变动成本来制定产品的价格，制定出来的价格只要高于单位产品的变动成本，企业就可以继续生产和销售，否则就应停产、停销。

小　　结

本子情境主要是介绍旅游线路产品定价策略、方法和原则。通过本子情境的学习，学生能够选择适当的定价策略，对自己设计的产品进行定价。

子情境三　旅游线路产品采购

一、下达任务

哈尔滨某组团旅行社制作了内宾标准团计划，再加上单位团30人，选择的是西安兵马俑—华山 3日游，其具体行程安排如表2-5所示。

表 2-5　西安兵马俑—华山 3 日游

日期	行程安排
第一天	早上，导游接 K548(哈尔滨至西安)列车上的游客。早餐后，乘车赴临潼(车程 1 小时左右)，参观半坡博物馆(含门票 65 元/人)，游览集古代皇家温泉园林和近代西安事变旧址于一体、唐玄宗与杨贵妃避暑的行宫华清池贵妃池(含门票 110 元/人，门票含"春寒赐浴华清池，温泉水滑洗凝脂"的海棠汤、莲花汤、星辰汤、尚食汤和太子汤等)，以及西安事变旧址(环园、五间厅)。乘车约 10 分钟后，参观骊山风景区(门票自理，含兵谏亭、上行索道)。后参观 1987 年被联合国教科文组织批准列入《世界遗产名录》的世界第八大奇迹秦始皇陵兵马俑博物馆(含门票，游览时间约 120 分钟，景区电瓶车费用自理 5 元/人)一、二、三号坑、铜车马展厅。返回西安，结束一天的愉快旅程。 用餐：早餐(自理)　午餐(含)　晚餐(自理)　住宿：西安
第二天	早上 7:30—8:30 导游到酒店接游客，从西安出发(车程约 2.5 小时)，赴素有"奇险天下第一山"的五岳之一华山(含门票)，乘"亚洲第一索道"(不包含进山费和往返索道费旺季，淡季)5～10 分钟抵达北峰，任意选择游东(朝阳)、西(莲花)、南(落雁)、北(云台)、中(玉女)峰，游览长空栈道、苍龙岭、鹞子翻身等胜景。感受大自然的神奇"山是一块石，石是一座山"。华山是一座孝山，著名的神话故事《宝莲灯》(沉香劈山救母)就发生于此，同时华山也是一座情山，当年萧史和弄玉的爱情就发生于此。著名电影《智取华山》讲述的也是发生于华山的真实事件。下午 7:00—8:00 返回西安。 用餐：早餐(含)　午餐(含)　晚餐(自理)　住宿：西安
第三天	早上 7:30—8:30 导游到酒店接游客，游览中国最大的古代军事城堡——西安明城墙(含门票)，远观盛唐皇家寺院——大雁塔(如需进慈恩寺游览，门票自理，登塔自理)，畅游亚洲最大的唐文化主题广场——大雁塔北广场、水景音乐喷泉，游览钟鼓楼广场，逛回民一条街，自费品尝西安特色小吃。结束后送游客乘 K546 从西安返回哈尔滨。 用餐：早餐(含)

历史文化：秦风唐韵、金戈柔情，兵马俑的金戈之声，华清池里《长恨歌》的缠绵悱恻，以及大唐风韵等，都会令游人感叹那个逝去帝国的繁华。除此之外，华山奇险峻秀的风光也使这条线路成为西安旅游的绝佳选择。

结合上面旅游团队及行程情况完成组团社采购工作。

二、填写任务单

任务单如表 2-6 所示。

表 2-6　任务单

小组成员：		指导教师：
任务名称：	模拟地点：	
工作岗位分工：		

工作场景：
组团社向相关部门进行旅游产品的采购

教学辅助设施	模拟旅行社真实工作环境，配合相关教具
任务描述	通过对线路产品的采购内容和过程的模拟，让学生了解计调采购的原则和技巧
任务资讯重点	主要考查学生对旅游线路产品采购的实际操作
任务能力分解目标	1.明确采购原则； 2.分析采购内容； 3.向相关部门进行采购； 4.根据季节变化和客流状况等因素，商讨采购价格
任务实施步骤	

三、任务整体评价考核点

(1) 了解旅行社进行产品采购时的原则。

(2) 旅行社采购的内容。

(3) 计调人员在采购时应注意的事项和采购技巧。

四、相关知识点

(一)旅行社的采购原则

旅行社产品的特殊性表现在它提供的是一种体验和服务，旅行社向其他旅游服务企业或相关部门采购交通、食宿、游览、娱乐等单项服务产品，经过组合加工，然后进行销售。

旅行社的采购业务是旅行社经营活动的起点，采购数量的多与少，采购质量的高与低，直接决定着旅游时间的长短和旅游线路的综合报价，从而影响旅行社产品的策划、宣传、营销和销售，所以掌握旅行社采购的方法及原则是十分必要的。

旅行社作为企业要生存和发展，必须有利润。在采购活动中，要以最低的价格和最小的采购成本从其他企业或旅游服务供应部门那里获取所需的单项旅游服务。旅行社计调人员必须随时关注和研究市场供需状况，熟悉市场上各种旅游服务的价格及市场波动规律，有针对性地采取灵活机动的采购策略和方式，以获得最大的经济效益。

旅行社产品的采购原则有以下几点。

(1) 保证供给原则。旅行社产品是一个组合产品，它是由旅行社向其他企业或部门采购的旅游服务项目组成。如果采购不能保证供给，就会直接影响旅行社的正常经营活动。

(2) 保证质量原则。旅行社在代理旅游者采购各旅游服务项目时，不仅要保证需求量，还要保证其采购服务项目的质量，做到质价相符。

(3) 成本领先原则。保证质优价廉，不要采取超低价格采购，以免降低旅行社的竞争力。

(二)旅行社的采购内容

旅行社线路产品采购包括交通服务采购、住宿服务采购、餐饮服务采购、景区景点服务采购、旅游购物和娱乐服务采购、保险公司服务采购、地接服务采购等内容。

1. 交通服务采购

旅游交通被称为旅游业的三大支柱产业之一。旅游交通组合主要指旅游用的交通工具及其有关设施，包括航空、铁路、公路、水路和其他交通设施。为了能够及时对旅游交通服务进行采购，加强与旅游交通部门的合作，许多旅行社专门设置了"票务"机构和相关工作人员，一些大规模的旅行社纷纷与交通企业建立业务合作关系，并且在旅行社内设立了"票务代理"等相对独立的机构。

对旅游交通服务的采购主要分为以下几种。

1) 航空交通服务采购

机票价格种类主要包括航空公司公布票价(即零售票价)、团体优惠票价、儿童优惠票价、优惠打折票价、包机票价及免票，其中零售票价又可分为头等舱票价、商务舱票价和经济舱票价。

航空交通服务采购是指旅行社根据旅游计划和散客旅游者的委托，为旅游团队、散客或个性旅游者以及一般顾客代购航空机票的业务。航空交通服务采购有两种形式，即定期航班机票的采购和旅游包机的预订。其中定期航班飞机票采购业务包括机票的预订、购买、确认、退订与退购、补购与变更五项内容。

(1) 机票预订。旅行社采购人员或相关业务人员在向航空公司提出预订要求前，必须掌握以下信息。首先应掌握旅游者的个人信息，如姓名、身份证号(注意身份证有效期，信息记录姓名必须与身份证上姓名一致)、联系电话(包括手机和家里电话)、家庭详细地址，出入境旅游还包括护照及签证。其次应掌握旅游团队信息，包括旅游团队的人数(特别注意12岁以下儿童)、旅游目的地、乘机的准确日期和具体时间、费用交付方式和其他事项。最后掌握航空公司的信息，如航空公司名称、机型和航班号、乘机日期和准确时间、机票价格、机场建设费、手续费，国内机票还包括燃油附加费。

(2) 购买机票。采购人员将填好的"飞机票预订单"按照航空公司规定的提前期限内送到(或网络发送)航空公司售票处，之后到售票处购票或取票，或者由机票代理处派人送票。购票时采购人员持乘机人的有效身份证件或由旅行社出具的带有乘机人护照号码的名单，支付现金或支票，取票时应认真仔细地核对机票上的乘机人姓名、航班号、起飞时间、票价金额、目的地等内容。

根据旅行社经营业务，所采购的机票主要有国内客票和国际客票两种。国内客票分为成人客票和儿童客票，成人客票的价格为航空公司的正常价格，不是指打折客票价格。儿童客票的价格则根据儿童年龄的不同按照成人全票价格的一定比例计算。未满 2 周岁的婴儿按成人全票价的 10%付费，不单独占座位，每一名成人旅客只能有一个婴儿享受这种票价；已满 2 周岁未满 12 周岁的儿童按成人全票价的 50%付费；年满 12 周岁的少年，直接购买成人客票。

国内客票有效期为一年。客票只限票上所列姓名的旅客本人使用,不得转让和涂改,否则客票无效且票款不退。

国际客票包括国际旅行的单程客票、往返客票和环程客票,有效期均为一年。国际客票和国内客票一样,也分为成人客票和儿童客票两种,儿童客票价格的计算方式基本上与国内客票相同。

(3) 机票确认。我国民航部门规定:在国内旅游中,持有订妥座位的联程或其回程客票的旅客,若在该联程或回程地点的停留时间超过 72 小时,须在该联程或回程航班飞机离站前两天的中午 12 时之前办理座位再证实手续,否则原订座位不予保留。在出境旅游中,已订妥去程或回程国际、港澳台地区航班座位的旅客,如在上机地点停留 72 小时以上,应最迟在班机起飞前 72 小时对所订座位予以再证实,否则所订座位将自动取消;如在去程或回程地点的停留时间不超过 72 小时,无须办理座位再证实手续。

(4) 机票退订和退购。旅行社采购人员在为旅游团队或旅游者预订或购买飞机票后,有时会遇到旅游计划变更造成旅游团队的人数减少或旅游者(团队)取消旅游计划等情况。遇到此类情况时,采购人员应及时办理退订或退购手续,以减少损失。旅行社订购和退购机票,一般按照民航部门或旅行社与航空公司达成的协议所规定的程序办理。根据我国民航部门的规定,旅客(团体旅客另行规定)在客票上注明的航班飞机离站时间 24 小时以前申请退票,需支付原票价 10%的退票费;在航班飞机离站时间前 2 小时至离站时间前 24 小时以内申请退票,需支付原票款 20%的退票费;在航班飞机离站时间前 2 小时以内申请退票,需支付原票款 50%的退票费。

(5) 机票补购与变更。旅游者或乘客有时因为各种原因将飞机票不慎丢失,旅行社应协助旅游者或乘客挂失。即以书面形式向承运人或代理人申请挂失,并提供足够的证明。在申请挂失前,客票若已被冒用或冒退,承运人(航空公司)不负责任,挂失后凭机票遗失证明在飞机离站前 1 天下午到航空公司售票处取票并交纳补票费。

如果旅行社在购买飞机票之后,因旅游计划变更而需要变更航班日期或舱位等级时,必须在原指定的航班飞机离站前 48 小时提出变更申请。客票只能变更一次。

专栏

旅游包机:是指单独包租一架飞机前往旅游目的地去旅游的一种形式。旅游包机是一种有效的、快捷的运送旅游者的方式,在近几年的我国旅游发展中得到了广泛应用。

旅游包机的程序:如果旅行社决定采用旅游包机方式,应及时向航空公司提出书面申请,并派专人联系包机事宜,机型的载客量应尽可能接近旅游团队人数。包机申请同意后,旅行社应立即与航空公司签订旅游包机协议,协议内容要全面详细,如包机费用、机型、团队人数、国籍、起飞时间、起降地点等。为了降低成本,应尽可能组织往返包机。

旅游包机协议签订后,票务人员应按规定从航空公司开出包机机票,支付包机费用,并及时通知有关部门和接待人员,以便及时搬运行李,办理事宜,保证按时起飞。目前不少有实力的旅行社都争相与航空公司签订包机协议,在旅行社内部设立航空机票代售业务,为旅游者的旅游出行提供了非常便利的条件。

| 国内航空公司代码表 | 2023年飞机退票扣多少手续费 |

2) 铁路交通服务采购

旅行社采购人员在接到采购计划时，应认真核实采购数量、始发站、终点站、始发时间、票价等内容，然后到火车站或其代售点购买。

火车票的采购业务包括火车票的预订、购买、退票、车票中转签证和变更路线业务。预订购买火车票时，采购人员应首先向铁路售票部门提出预订计划，包括订购火车票的数量、种类、抵达车站时间等，然后用现金或支票购票。

3) 公路交通服务采购

公路交通服务主要用于市内游览和中短程旅游目的地之间的旅行。旅行社采购人员在采购公路交通服务时应对提供此项服务的汽车公司进行调查，了解该公司所拥有的车辆数目、车型、性能、驾驶员技术水平、公司管理状况和车辆价目等，然后从中选出采购对象，签订租车协议，建立协作关系。

旅行社采购人员每次在接到旅游者或旅游团队的用车计划之后，应根据旅游者的人数及收费标准向提供公路交通服务的汽车公司提出用车计划，并告知旅游者或旅游团队的日程安排，以便汽车公司在车型、驾驶员配备等方面做准备。为了避免差错，应在用车前两天向汽车公司再次核实。

实际采购中，有许多汽车运输企业与旅行社之间常年保持着良好的合作关系，只需通过电话进行商定，再以传真确认双方各自应履行的责任和义务即可。

4) 水路交通服务采购

(1) 根据旅游者或旅游团队的旅游计划和相应要求，向轮船公司等水运交通部门预订船票，并将填写好的船票订票单送交船票预订处。

(2) 购票后，如果遇到因旅游计划变更造成乘船人数增减、舱位等级变更、旅游计划取消等突发情况，应及时向水运部门办理业务变更或取消手续。

(3) 取票时，计调人员应根据旅游计划逐项核对船票的离港日期、时间、航次、航向、舱位等级、乘客名单、船票数量及船票金额等信息。

2. 住宿服务采购

常言："只有休息好，才能工作好"，用在旅游上是"只有休息好，才能旅游好"。旅游住宿服务是旅行社产品的重要组成部分。

选择住宿服务设施是保证住宿服务质量的前提条件和重要环节。旅行社采购人员必须全面考察宾馆、饭店、旅馆服务设施的综合条件，从中选出一批质量好、价格适中、环境幽雅、交通方便、合作愉快的不同等级的住宿业经营者，确保旅游者在旅游过程中的住宿需要。一般条件下，旅行社的采购人员应该从以下几个方面考察住宿服务设施。

(1) 旅游团队的性质。不同性质的旅游团队和不同需求的旅游者，对住宿的标准是有很大差异的，旅行社究竟选择什么样的住宿设施，首先取决于旅游团队的性质和不同类型的旅游者，如客源地的政治、经济、文化的发展水平。如欧美旅游者大都向往既有中国风格又有西方设施的高档星级饭店。所以旅行社的采购人员必须熟悉团队性质和旅游者特殊要求，以选择合适的住宿服务。

(2) 坐落地点及环境。坐落地点对于旅游者的接待具有重要意义，不同类型旅游者对于住宿设施的坐落地点有着不同的要求和偏好。例如，商务旅游者、停留时间长的旅游者及喜欢购物的旅游者偏爱坐落在市中心或热闹商业区的饭店；休闲度假、年老的旅游者多喜欢幽静雅致的环境；短暂停留的过往旅游者则不大看重饭店的坐落位置。

饭店或宾馆周围环境也是一个不可忽视的因素。如，度假村都位于风景秀丽的地方，四周空气清新、植被茂盛，自然安静；中高档星级饭店一般位于交通要道、繁华地段、人口稠密的商业中心。

(3) 饭店或宾馆的市场定位。这主要考虑住宿设施是接待哪些类型的旅游者，有些饭店适合接待会议旅游团体，有些饭店适合接待商务旅行者，有些饭店适合接待散客旅游者。采购人要熟悉接待计划，分析客人需求，针对不同旅游者的特点为其安排下榻之所。如果旅行社对住宿设施的定位了解清楚，可以租到价位更适中的住宿设施。

(4) 饭店硬件设施设备和软件服务系统。硬件设备是指饭店一切能够看得见的设施设备，如房间的基本设施和设备、会议室、餐厅、商务中心、多功能厅等，软件服务系统主要是指饭店人员素质和服务水平、管理水平等。特别是接待一些特殊团队时，更加需要注意软件服务的水准。饭店的软件服务系统不仅可以提高旅游者对饭店的满意度，同时还可以为饭店树立良好的社会形象。

(5) 停车场。采购人员在选择饭店时，还应考虑到饭店是否拥有出入方便、停靠安全的停车场地，尤其是接待大型团队时，一定要把停车条件纳入选择饭店的条件之中，必要时最好到现场核查清楚。

3. 餐饮服务采购

采购人员在采购餐饮服务时，通常是采用旅行社定点就餐的办法，即旅行社对某些餐厅考察筛选后，同被选择的餐厅分别进行谈判，最终与比较适合的餐厅达成协议。其中对不同等级的用餐指标、价格、退订等细则和办法、折扣、详细菜单等做出明确规定。餐厅和旅行社各自按协议自觉履行义务。

与餐饮行业合作的注意事项如下。

(1) 选择餐馆时，餐点不宜过多，应少而精，而且要注意地理位置的合理性，尽可能选择靠近机场、码头、游览地、剧场等的餐馆，避免因用餐来回往返多花汽车交通费。

(2) 订餐时，应及时把旅游者(团)的宗教信仰和个别客人的特殊要求转告餐馆，避免造成不愉快和尴尬的场面。

4. 景区景点服务采购

游览和参观景点是旅游者在旅游目的地进行的最基本和最重要的旅游活动，做好景区景点服务的采购工作对于保证旅游计划的顺利完成具有举足轻重的作用。计调人员在景区景点服务采购中的关键作用是协商价格和选择支付方式。

5. 旅游购物和娱乐服务采购

采购旅游购物场所时，要注意选择一批信誉好、有特点、价格合理、商品质量优、售后服务周到的旅游定点商店，明确双方的权利义务，以防购物商店在旅游者购买的商品中掺假，或者销售失效、变质的商品，损害旅游者的利益。若由此引发旅游纠纷，会使旅行社形象受损。

娱乐是旅游活动的六要素之一，特别是组织好旅游者(团)晚间文化娱乐活动，不仅可以消除旅游者白天参观游览的疲劳，还可以丰富、充实旅游活动，起到一种交流文化的作用。要想丰富、充实旅游活动，使整个旅程锦上添花，旅行社就要与娱乐行业建立必要的合作关系。

6. 保险公司服务采购

根据《旅行社条例》及相关法律规定，旅行社应该为旅游者提供规定的保险服务。旅行社计调应对众多的保险公司做认真考察比较，选择信誉良好、有较强经济实力的保险公司作为合作对象。

7. 地接服务采购

组团社为安排旅游者(团)在各地的旅程，需要联系各地接团旅行社提供接待服务，对组团社来说，地接服务也属于旅游采购的范围。组团社应根据旅游团的特点，结合各地接社的优势，有针对性地选择信誉良好、接待能力强、收费合理、不拖欠团款的地接社作为合作伙伴。

小　　结

在对自己设计的旅游线路产品进行定价后，接下来计调人员需要做的是对线路产品所包含的内容进行采购。本子情境主要介绍产品采购的原则和内容。

子情境四　旅游线路产品报价

一、下达任务

根据子情境三的旅游团队行程采购价格，进行报价工作的模拟操作。

二、填写任务单

任务单如表 2-7 所示。

表 2-7　任务单

小组成员：		指导教师：
任务名称：	模拟地点：	
工作岗位分工：		
工作场景： 根据产品内容和采购价格对旅游线路产品进行定价，并对旅游者进行报价		
教学辅助设施	模拟旅行社真实工作环境，配合相关教具	
任务描述	掌握计调人员报价的操作流程	

续表

任务资讯重点	主要考察学生计调报价分类和操作过程
任务能力分解目标	(1) 分析旅游线路报价分类，根据不同团队或散客类型给出不同报价； (2) 了解报价计算内容； (3) 迅速准确地给出报价
任务实施步骤	

三、任务整体评价考核点

(1) 分析旅游线路报价分类，根据不同团队或散客类型给出不同报价。
(2) 掌握旅游线路报价计算的项目和方法。
(3) 在规定时间内准确、迅速地给出报价。
(4) 填写相关表格。

四、相关知识点

旅游线路的报价是旅行社制订产品价格方法和价格策略的最终体现，是实施销售的重要环节。旅游线路的报价不仅仅是数字的概念，它将很大程度上影响着旅游者和旅游中间商做出的决策。

(一)旅游线路报价的分类

旅游线路是指旅行社或其他旅游经营部门以旅游点或旅游城市为节点，以交通路线为线索，为旅游者设计、串联或组合而成的旅游过程的具体走向。

旅游线路报价就是将旅游线路产品的内容与价格结合以信息的形式传播给旅游者或旅游中间商，做到产品质量与销售价格相符。

1. 根据报价对象不同来分类

根据报价对象不同分为组团报价和地接报价。
(1) 组团报价，主要用于组团社向旅游者报价。
(2) 地接报价，主要用于地接社向组团社报价。

2. 根据报价内容的详略不同来分类

根据报价内容的详略不同分为总体报价和单项报价。
(1) 总体报价，主要针对旅游者的咨询，总体报价能反映线路产品整体性的内容和整体性的价格。
(2) 单项报价，主要针对旅游中间商或组团旅行社，这种报价不仅是整体性的内容和整体性的价格，还有各种细分的、具体的单项内容和价格。

3. 根据报价的方式不同来分类

根据报价方式不同分为针对旅游者的报价和针对中间商的报价。

(1) 针对旅游者的报价，包括媒体报价(电台广播、电视、网址主页)、门市报价(办公地点醒目的线路价格宣传板)。

(2) 针对旅游中间商(或组团旅行社)的报价，包括网络在线报价、邮寄报价(旅行社行业组织的定期刊物，主要针对同业)、传真报价、上门报价(新奇线路推出时，外联人员派发)、展销报价(参加综合性会议时推出的具有竞争力的旅游线路和价格的宣传品)。其中门市报价、邮寄报价、传真报价、网上在线报价运用得最普遍。

4. 根据旅游者年龄和客源地的不同来分类

根据旅游者年龄和客源地不同分为成人报价、儿童报价和外宾报价、内宾报价。

(1) 成人报价和儿童报价。一般情况下，儿童报价相当于成人价格的1/2或2/3。

(2) 外宾("四种人"、外国人)报价和内宾报价。"四种人"指港澳台同胞及外籍华人。

(二)旅游线路报价的计算

一条完整的旅游线路报价应该考虑以下内容。

1. 旅游线路报价的计算项目

(1) 大交通费指国际往返和城市间往返的交通费，一般指飞机、轮船、火车、长途客车的费用。

(2) 车费指旅游地的接待用车的费用。旅游团用车车型是按照人数的多少配备的，1～3人配备小轿车；4～12人配备面包车；13人以上则根据实际用车人数组合配备19座、25座、33座、45座、55座客车，其费用按车型、车价和使用的天数及距离计算。也有的豪华团，10人要求坐25座车，16人要求坐33座车。在这种情况下，车费要按实际用车的情况而定。

车费/人=区域内总车费/人数

(3) 房费指旅游全程的住宿费。其费用根据星级酒店的合同标价及是否有单男、单女的补差价，以及是否有加住、加床与延时等费用计算。

房费/人=房费/(人·天)×入住天数

(4) 餐费指旅游过程中一日三餐的费用。早餐一般含在每日房费中，不必计算。正餐，即午晚餐的费用按旅游期间的顿数与标准计算，还要考虑是否包含各地的风味餐。

餐费/人=餐费/(人·餐)×用餐次数

(5) 门票指游览参观景点的门票费，包含计划内的景点门票及景区内的专用车、观光索道费用等。

(6) 导游服务费，根据提供的服务不同，主要分为全陪劳务费和地陪导游费。

2. 旅游线路报价的计算方法

一般团队旅游线路报价=大交通费+房费+餐费+车费+门票+导游服务费

工学结合

完成西安三日游采购和报价工作。

1) 计调采购任务

首先，与交通部门联系，订一辆50座旅游大巴，保证旅游者带上行李也不至于拥挤；

其次，采购三星级酒店房间15间，如出现单男、单女的情况，由客人自行承担差价费用；再次，采购的游览三个地点用餐，注意各地和各餐不要重复；最后，采购旅游景点门票，由导游具体负责团队游览(见图2-3)。

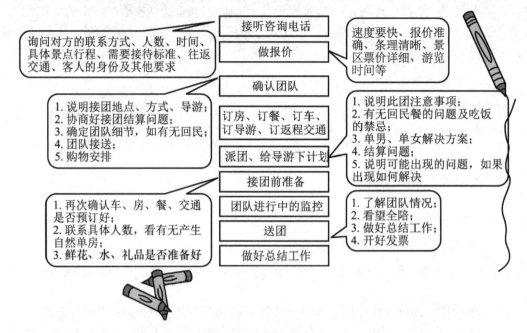

图2-3　国内地接操作流程

将相关采购任务填写到相关表格(见表2-8至表2-13)，发送给相关部门或单位。

表2-8　旅行社行程询价单

旅行社行程询价单

TO:

FROM:

_____:

　　您好！现将我社_____团情况和您确认如下，请贵社予以协助！

　　行程:

　　标准:

　　人数:

　　日期:

　　请分项报价，回传我社。谢谢！

公司名称(盖章):　　　　　联系人:

年　月　日

表 2-9　旅行社订房计划单

旅行社订房计划单

TO:　　　　　　　　　　　TEL:　　　　　　　　FAX:

FROM:　　　　　　　　　　TEL:　　　　　　　　FAX:

团队(客人)名称:　　　　　　　人数:

入住时间:　　年　　月　　日　　时至　　年　　月　　日　　时,共　　天

住宿要求:　　房　　间,全陪房　　床,陪同免房　　床

房费标准:　　房　　元/天,全陪床　　元/天,住宿费累计　　元

用餐标准:　早餐　　元/人(含早,不含早),中餐　　元/人,晚餐　　元/人,餐费累计　　元

付款方式:按付款协议约定执行(导游前台凭此单登记入住)

备注:

　　1. 代订费、房费结算账单,请寄到我社财务部。

　　2. 其他费用均由客人自理,本社不予承担。

　　3. 收到订房委托后,请速将订房回执传回我社。

　　　　　　　　　　　　　　公司名称(盖章):　　　　联系人:

　　　　　　　　　　　　　　　　　　　　　　　　年　　月　　日

表 2-10　旅行社订车计划单

旅行社订车计划单

TO:　　　　　　　　　　　TEL:　　　　　　FAX:

FROM:　　　　　　　　　　TEL:　　　　　　FAX:

现将我公司已落实的用车计划传真给您,望尽快确认回传,谢谢!

团号:	人数:	客源地:	导游:　证号:　手机:		
用车时间:　　月　　日　　接团至　　月　　日送团					
接团:　　月　　日　　时在　　接　　航班/车次					
送团:　　月　　日　　时在　　送　　航班/车次					
天数	主要游览行程、景点		车价(元/天)		
1					
2					
3					
4					
包车价:　　元(其中,接团　　元,送团　　元,正常游览　　元/天)					
车型:　　车牌:　　司机:　　手机:					

　　　　　　　　　　　　　公司盖章:　　　　　联系人:

　　　　　　　　　　　　　　　　　　　　　　年　　月　　日

表2-11 旅行社订餐计划单

旅行社订餐计划单

TO: TEL: FAX:

FROM: TEL: FAX:

团队(客人)名称:

人数: 成人   小孩   用餐时间: 年   月   日至   年   月   日   餐

用餐要求: 菜   汤(十人一桌,   荤   素)

用餐标准: 早餐 成人   元/人, 小孩   元/人

         中餐 成人   元/人, 小孩   元/人

         晚餐 成人   元/人, 小孩   元/人   餐费累计   元

付款方式: 按付款协议约定执行(导游前台凭此单登记用餐)   特殊要求:

备注:

   1. 其他费用均由客人自理, 本社不予承担。

   2. 收到订餐委托后, 请速将订餐回执传回我社。

                               公司名称(盖章):   联系人:

                                         年   月   日

表2-12 旅行社运行计划表

旅行社运行计划表

团号		地陪		团队人数		组团社			全陪	
抵离时间			月	日乘	抵达				司机	
			月	日乘	离开				车号	
时间	早餐	上午		中餐	下午	晚餐		购物点	住宿	
旅行社电话				旅游局投诉电话						

                                       监制单位

表2-13　旅行社派团单

旅行社派团单

旅行社(盖章)：　编号：T-××××-×××-×××××

组团社		团　号			游客来源			人　数		
抵离时间	月　日　　时乘　　班机　　次车船从抵									第一联　接待单位存根
	月　日　　时乘　　班机　　次车船离赴									
住宿安排	酒店名称：			用车安排	车型及车座：					
	房间数：				车号：					
日　期	行程安排		用餐标准：早：　午：　晚：				购物点			
			用餐地点							
月　　日			早：	午：		晚：				
月　　日			早：	午：		晚：				
月　　日			早：	午：		晚：				
月　　日			早：	午：		晚：				
月　　日			早：	午：		晚：				
月　　日			早：	午：		晚：				
备　注										
计调员		地陪导游			接待部门			全陪导游		

2)　"西安三日游"报价工作

景区门票费：

华清池：110元/人。

秦始皇陵兵马俑博物馆：150元/人。

华山：180元/人。

游览景点门票总价：440元/人。

住宿费：

三星级宾馆260元/(标准间·晚)，住2晚。

车费：

车辆选用55座旅游巴士，全程随团旅游。

车辆总价：12000元，400元/人。

餐费：

早餐包含在房价中，正餐30元/人，共计2正。

正餐餐费60元/人。

导游服务费：30元/(人·天)，三天共90元/人。

旅行社责任险：50元/人。

利润：地接报价的10%。

地接报价：440+260×2+400+60+90+50=1560元，外加10%的利润156元，西安地接社向哈尔滨组团社的报价为1716元/人。

按照国际惯例，旅行社收费是16人免1人的费用，因此该旅游团30人的实际收费是：1716元/人×29人=49764元。

小　结

采购完旅游线路产品后，需要对产品进行包装和出售，对游客和组团社进行报价，通过本子情境的学习，学生可了解报价的程序和注意事项，能够准确、迅速地进行报价。

子情境五　组团社计调工作流程

一、下达任务

××旅行社在"十一"黄金周期间，经过努力，组成了一个到云南旅游的 26 人散客拼团 (见表 2-14)，请为这个团队做好组团计调工作。

表 2-14　昆明、石林、西双版纳、大理、丽江、香格里拉经典 11 日游

日　　期	行程安排
第一天	昆明 乘飞机或火车赴昆明，抵达素有"春城"美誉的高原城市昆明。免费接机或火车，签订旅游合同，安排入住酒店，自由活动！ 旅游小贴士：今天无统一行程，若抵达昆明时间尚早，可以去翠湖公园喂海鸥或者到金碧广场欣赏昆明城市标志——金马碧鸡牌坊、东西寺塔，去南屏商业步行街感受昆明的现代气息，去祥云街品尝昆明小吃 用餐安排：无　　住宿安排：昆明
第二天	昆明　普洱 石林一日游行程：8:00—8:30 出发，游览天下第一奇观——石林，体会鬼斧神工的天下第一奇观，畅游二亿七千万年前浩瀚海洋之海底，一边漫步在世界最大的喀斯特地质公园，一边聆听阿诗玛的故事(有双鸟渡食、孔雀梳翅、凤凰灵仪、象踞石台、犀牛望月；有唐僧石、悟空石、八戒石、沙僧石、观音石、将军石、士兵俑、诗人行吟、阿诗玛等无数像生石，无不栩栩如生，惟妙惟肖，令人叹为观止)。下午欣赏七彩云南的茶艺表演。后乘车返回昆明，晚 19:00 乘车前往普洱，到达后安排入住酒店 用餐安排：早、中、晚餐　　住宿安排：普洱
第三天	普洱　西双版纳 早餐后，沿中国第一条穿越热带雨林的高速公路到达 4A 景点野象谷(游览时间 2～3 小时)，游览蝴蝶园、蛇园、猴园、百鸟园，参观树上高架走廊(自费乘坐观光索道，路程 2 千米、需时间约 30 分钟)穿越热带雨林，参观树上旅馆。午餐后，观赏独具特色的大象表演。参观金版纳翡翠珠宝配送中心(参观时间 30～40 分钟)，一站式购物，体验超市式购物；随后品尝热带咖啡和椰子奶。晚餐后自费参加大型民族歌舞表演——勐巴拉娜西或腊仙勐(演出时间约 1 小时 30 分钟) 用餐安排：早、中、晚餐　　住宿安排：西双版纳

续表

日　期	行程安排
第四天	西双版纳 早餐后，游览 4A 景点热带花卉园，游览时间约 1.5 小时(可自费乘坐景区环保电瓶车)，可游览叶子花园、空中花园、周总理纪念碑、棕榈植物园、热带果树园等。参观傣族原始村寨(参观时间 30～40 分钟)，可选择参观南药园；观赏普洱茶茶艺表演，独树成林(参观时间 20～30 分钟)。下午游览 4A 景点原始森林公园——百米浮雕、孔雀放飞、爱伲山寨，参加具有当地民族特色的泼水狂欢，观赏九龙飞瀑、少数民族乐器表演，漫步热带沟谷雨林(游览时间约为 3 小时，自费乘坐景区环保电瓶车)。参观宝玉石协会下属单位——宝象堂(参观时间 30～40 分钟)。晚餐后，可自费参加大型篝火晚会——澜沧江、湄公河之夜(演出时间为 2 小时左右) 用餐安排：早、中、晚餐　　　住宿安排：西双版纳
第五天	西双版纳　大理 早餐后，乘车返回昆明，沿途观赏红河第一高桥，下午 17:30 左右抵达昆明，晚餐后，乘火车(卧铺)至大理 用餐安排：早、中、晚餐　　　住宿安排：火车上
第六天	大理 早上抵达大理，早餐后，乘大船游洱海(小普陀、洱海公园、南诏风情岛)，品大理正宗白族"一苦、二甜、三回味"的三道茶，欣赏歌舞表演，后远观"西南览胜无双的苍洱驰名第一山"——苍山，游览大理古城(西南丝绸之路的门户、白族民居三坊一照壁、四合五天井院落、白族扎染、木雕、大理石工艺品)，逛被称为"护国路"的洋人街；参观大理标志性建筑——崇圣三塔寺，崇圣寺在南诏古国、大理古国时期即为皇家国寺和政教中心，历史上曾有九位大理国国王在此出家为僧，在金庸笔下的武侠名著《天龙八部》里，段氏皇族出家的"天龙寺"，就是今天的崇圣寺；游览大理名胜——蝴蝶泉 用餐安排：早、中、晚餐　　　住宿安排：大理
第七天	大理　丽江 早餐后，乘车赴丽江，途中参观云南最大的手工艺加工点——新华民族村，抵达丽江参观丽江古城(大研古镇)，纳西民族大院——四方街，街区居民多为"三坊一照壁，四合五天井"的传统布局，与此情形相映的是三条从玉龙山流下的清溪穿城而过，给古城带来勃勃生机。古城内的建筑造型典雅古朴，雕刻和绘画技法高超，美不胜收 用餐安排：早、中、晚餐　　　住宿安排：丽江
第八天	丽江　香格里拉 早餐后，在丽江乘车至虎跳峡，游览气势磅礴的世界峡谷之最——虎跳峡，观长江第一湾(江流到此成逆转，奔入中原壮大观)。午餐后，乘车赴香格里拉沿途观看茶马古道上的"迷恋风光"吉达姆草原。抵达香格里拉后用晚餐，餐后可自费参加藏民家访(演艺 90 分钟，可自费品尝烤全牛、烤全羊、烤乳猪、松茸炖鸡)，入住酒店 用餐安排：早、中、晚餐　　　住宿安排：香格里拉

日　期	行程安排
第九天	香格里拉　丽江 早餐后，游览香格里拉的普达措国家公园，公园内有明镜般的高山湖泊、水美草丰的牧场、百花盛开的湿地、飞禽走兽时常出没的原始森林。观赏碧塔海、属都湖，以及周围茂密的原始森林，两个美丽的淡水湖泊素有高原明珠之称，之后乘车返回丽江 用餐安排：早、中、晚餐　　住宿安排：丽江
第十天	丽江　昆明 早餐后，游览玉龙雪山山脚下东巴大峡谷风景区，在此拍照留影。后乘车前往 4A 级景区：泉水清澈奔腾、水草清晰可见的丽江水源头黑龙潭公园，欣赏玉龙山倒影。感受千秋传奇的茶马古道、缤纷绚丽的纳西文化，参观世界文化遗产重要组成部分——束河古镇。下午乘车至大理用晚餐，之后乘坐火车(卧铺)返昆明 用餐安排：早、中、晚餐　　住宿安排：火车上
第十一天	昆明 早 5:30 抵昆明，根据客人返程机票的时间送机 用餐安排：无　住宿安排：结束行程

二、填写任务单

任务单如表 2-15 所示。

表 2-15　任务单

小组成员：		指导教师：
任务名称：	模拟地点：	
工作岗位分工：		
工作场景： 建立团队档案； 云南旅游线路采购，确定地接社； 预订机票； 向地接社预报活动计划； 与地接社书面确认行程； 旅程变更书面确认； 全陪安排； 团队结束后，账单审核； 总结、归档		
教学辅助设施	模拟旅行社真实工作环境，配合相关教具	
任务描述	通过对云南线路的设计，让学生了解组团计调操作流程	
任务资讯重点	主要考查学生对组团计调工作的认识	
任务能力分解目标	1. 能按照工作流程操作发团业务； 2. 能根据地接计价的构成要素，快速计价和报价	

三、任务整体评价考核点

(1) 能按照工作流程操作发团业务。

(2) 能根据地接计价的构成要素，快速计价和报价。

四、相关知识点

组团旅行社业务包括建立团队档案、选取合作地接社、制定行程、发出询价传真、得到地接社确认、旅游团接待计划落实、安排全陪、团队跟踪、账单审核、总结归档、根据产品销售情况进行调整等一系列操作流程。

(一)建立团队档案

计调人员应掌握团队人数、姓名、年龄、性别、特殊要求等客人自然情况，并将以上信息输入电脑，建立团队档案。

(二)选取合作地接社

一般长线旅游线路都会包括多个旅游目的地，旅游线路产品的质量在很大程度上取决于各地接社的服务水平和服务质量。因此，组团社选取好的合作地接社，是旅游行程圆满成功的关键。

选择地接社，应重点考察以下几个方面：

(1) 地接社的资质、实力、信誉度；

(2) 经营管理模式，各城市之间协调衔接能力，有无强大的关系协作网络；

(3) 地接社接团记录，接待质量反馈良好记录；

(4) 地接社报价是否公平合理，在当地同行业中是否有明显竞争优势；

(5) 地接社有无合作意愿。

(三)制定行程

为了使地接社更好地接待团队，组团社要制作行程，要求尽早地做好酒店、交通工具、景点门票、用餐单位等事宜的预订工作。

行程单包括：旅游团的团号、人数、所乘坐交通工具、到达时间及接站地点、离开时间、需要预订的房间数、详细的线路计划、住宿标准、其他要求。行程是地接社具体实施接待任务并执行接待计划的依据。

运用三字代码设置标准团号

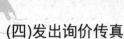

(四)发出询价传真

行程制定完成后，要求在团队抵达前 30 天内把接待计划发至地接社，地接社需在 2 天内给予反馈和确认，如有疑问，计调人员负责向地接社详细解释。

(五)旅游团接待计划落实

旅游团接待计划确认后，接下来计调人员需要落实每项旅游团接待计划内容。负责旅游者在旅游期间的"食、住、行、游、购、娱"的采购和安排，保证旅游者顺利完成异地旅游活动。

(六)安排全陪

为团队配备全陪，负责团队出游期间的相关事务管理和联络，及时向组团社反馈行程中出现的问题，协调旅游者与地接社的关系等，这些都是全陪的职责和工作重点。

因此，组团社在选择全陪时，应该选择责任心强，有带团经验，协调和沟通能力强的导游员，以保证旅游团活动能够顺利进行。

根据最终落实的团队内容向游客及陪同派发出团通知书。给游客的出团通知书上应包含团队的行程、出发时间、地点、紧急联系人姓名及电话等信息，如果是团队派陪同，要将确认的行程、标准、出发时间及地点、游客名单及联系电话、接团导游姓名及电话、接待社联系人及电话等信息列明，并对陪同的职责和业务详加提示，向导游交代接待计划，确定团队接待重点及服务方向。并督促导游员携带齐全各种单据，团队在行程中，如要求改变行程或食宿等情况，计调人员首先要征集对方地接社经办人的同意，并发传真确认方可改变计划，不得只凭口头改变行程。

(七)团队跟踪

在出团前 24 小时要再次与接待社落实和确认，以防接待社疏忽和遗漏。若发现问题及时补救。在团队旅游过程中，计调人员应和接待社、陪同、领队及游客时刻保持联系，掌握团队的行程，如果发现问题，应该及时与相关人员沟通和解决。

(八)账单审核

旅游团队活动结束后，各地接社会传过来旅游团的账单通知书。组团社计调人员应根据接待计划认真核实，纠正错误，做好一团一清的结算工作，交至财务部门，按照合同按时付款。

(九)总结、归档

团队行程结束后，要将所有操作传真及单据复印件留档，作为操作完毕团队资料归档，并对参团客人进行回访，在预计到达出发地一天内，计调人员应及时回访客户。回访时态度要诚恳，讲话要讲究艺术，给对方一种既关心又负责任的感觉，以利后续团队的操作，建立好客户档案。

在接到团队投诉时，计调人员应及时间清是哪个环节出现的问题，原因何在，能够处理的及时处理，处理不了时要马上报分管领导，讲清事情经过及出现问题的原因，不回避矛盾，实事求是，合情合理地处理好团队问题。特别重大的问题(如集体食物中毒事件、交通事故)可直接汇报总经理，及时解决，并总结经验教训，不断提高计调水平和旅行社信誉。

(十)根据产品销售情况进行调整

根据产品销售情况、出团量、团队质量对产品进行适当调整。销售好的产品继续销售，也可以适当增加出团计划，销售欠佳的产品要分析总结是线路本身不够有吸引力，还是由市场等情况造成的。如团队质量出现问题则要追究责任。对于接待单位也要磨合、考验与再选择。

地接社计调如何面对组团社计调

请小组成员在老师的指导下，将任务按照组团计调操作流程来实施。

4月的某一天，广州某旅行社致电哈尔滨某旅行社，告知有5个旅游团在广州白云机场无人接团，造成漏接事故。广州某旅行社的计调在电话中质问，为何哈尔滨某旅行社的客人到广州而不通知广州地接社？哈尔滨某旅行社经调查发现，计调人员没有及时把变更计划告知地接社，从而造成了如此大的漏接事故。

请根据以上情景，模拟计调人员在发团工作中应注意哪些事项？应如何正确地进行发团操作。

小　结

本子情境主要介绍组团社计调的工作流程。通过本子情境的学习，学生能够按照操作流程进行接团业务的操作。

思考与能力训练

1. 组团计调的工作内容有哪些？
2. 画出组团计调工作流程表。
3. 地接社计调工作内容有哪些？
4. 画出地接社计调工作流程表。
5. 请填写附录中相关任务单和评量表。

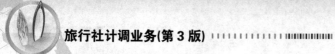
实训

根据所学内容，参照右侧二维码中的模式，对开篇案例进行行程安排和
电子宣传单设计，并填写表 2-16 的任务单。

表 2-16　任务单　线路设计标准格式

线路名称：					
日期	交通	行程介绍(景点描述)	用餐	住宿	备注
D1					
D2					
D3					
D4					
备注					

情境三

中国游计调

【教学目标】

知识目标：了解中国主要旅游目的地景点知识、线路设计；熟悉中国团队游中团队跟踪和接待业务流程。

能力目标：能够根据中国主要旅游目的地景点，进行科学合理的线路设计；进行中国团队游中团队跟踪和接待业务流程的操作。

素质目标：热爱祖国；具有组织协调能力、良好沟通能力、较强责任感。

【核心概念】

线路设计　团队跟踪　接待业务　证件办理

案例导入

共同奋斗创造美好生活 推动旅行社转型升级
——全国文化和旅游行业认真学习宣传贯彻党的二十大精神系列报道

党的二十大胜利召开，全国旅行社行业信心满怀，迅速掀起了学习宣传贯彻党的二十大精神热潮。大家纷纷表示，党的二十大进一步指明了党和国家事业的前进方向，对全面建设社会主义现代化国家、全面推进中华民族伟大复兴进行了战略谋划。一系列新思路、新战略、新举措绘就了新征程的宏伟蓝图，激荡人心、催人奋进。

"党的二十大报告对文化和旅游工作作出重要部署，充分体现了以习近平同志为核心的党中央对文化和旅游融合发展的高度重视。"中国旅行社协会党支部书记、副会长兼秘书长孙桂珍表示，要深刻把握以中国式现代化推进中华民族伟大复兴的使命任务，深刻认识文化建设和旅游发展在推进中国式现代化中的重要作用，坚持中国特色社会主义文化发展道路，以文塑旅、以旅彰文，推进文化和旅游深度融合发展。努力创造宜业、宜居、宜乐、宜游的良好环境，打造世界级旅游强国。要着力提高运用党的创新理论分析和解决问题的能力，推动文化和旅游在更广范围、更深层次、更高水平上深度融合，推动旅游业转型，推进旅游为民，发挥旅游带动作用，促进共同富裕。要把学习宣传贯彻党的二十大精神作为当前和今后一个时期的首要政治任务，加强行业引领，抓好贯彻落实，坚持理论联系实际，真正把学习热情、学习成果转化为推动文化和旅游高质量发展的行动自觉。

中国旅行社协会副会长、春秋集团党委副书记、春秋航空董事长王煜表示，党的二十大胜利召开，标志着中国式现代化的发展已经迈上了新的征程。今天的中国，站在了全面建设社会主义现代化国家、全面推进中华民族伟大复兴的历史新起点上。党的二十大指出了一系列新思想、新论断，展示了中国式现代化的光明前景。春秋集团党委把学习宣传贯彻党的二十大精神作为当前和未来一段时间的首要政治任务。党员干部坚信，要战胜未来一切风险挑战，实现新的历史使命，必须坚定捍卫"两个确立"，坚决做到"两个维护"，在习近平新时代中国特色社会主义思想指引下，不断夺取新的胜利。

"党的二十大报告高屋建瓴，是一篇光辉的马克思主义经典文献，必将激励全党全国各族人民在全面建成社会主义现代化强国、实现第二个百年奋斗目标的道路上踔厉奋发，勇毅前行，取得更大的成绩。"中青旅党委书记、董事长倪阳平表示，文化和旅游产业是人民向往的幸福产业。中青旅将进一步围绕企业特点，以"我之所能"服务"国之所需""民之所盼"，提供更加优质的文化和旅游产品服务，响应时代召唤、不负人民期待，共同奋斗创造美好生活，不断实现人民对美好生活的向往。

中国铁道旅行社集团有限公司以多种形式组织广大干部职工学习宣传贯彻党的二十大精神。该集团公司党委书记张超表示，集团公司全体干部职工迅速兴起学习宣传贯彻党的二十大精神热潮，集中精力围绕现阶段重点任务，抓好安全生产、队伍稳定、节支创效、疫情防控等各项工作。下一步，要持续以品牌创建为抓手，以高质量发展为目标，深入挖掘优质旅游资源，加大对京津冀旅游产业链的开发，加快推进京郊、红色、康养旅游，不断推出"京和号""京藏号"等铁路品牌文化和旅游产品，努力提升广大游客的满意度和幸福感。

奇创旅游集团董事长、景域驴妈妈集团创始人洪清华表示，党的二十大报告气势恢宏，立意深远，令人心潮澎湃。报告既指出了高质量发展的具体目标，也指明了高质量发展的前进路径。文化和旅游在汇聚人气、提振综合消费、带动关联产业提质增效等方面作用巨大。下一步，要坚持以人民为中心，借助文化创意、科技赋能，推出更多群众喜闻乐见的精品。要从"吃住行游购娱"各个环节、场景入手，带动更多人就业，激活更多业态。要充分发挥全产业链服务优势，更加积极地参与到国家重大战略实施中，做好国家文化公园建设及各地乡村振兴综合体、美丽乡村等投资建设运营，坚持创新发展，以实际行动助推高质量发展，坚持与国家发展同频共振。

"党的二十大报告极大鼓舞了从业人员的信心。报告指出'推进文化和旅游深度融合发展''全面推进乡村振兴'等，为旅行社产品创新提供了指引。"福建省福州建发国际旅行社总经理张张表示，将深入贯彻党的二十大精神，坚持"专业温馨服务 开拓文旅新价值"的企业使命，加快推动旅行社经营模式和发展方式的转型升级，在做好存量、传统业务的同时，积极拓展新业务。其中，国内旅游将结合众多主题活动，重点发展地接和周边游，发力研学、团建、康养、培训、会议及定制小包团等。同时，立足福建自身丰厚的文化资源，促进文化和旅游深度融合高质量发展，加快从"卖产品"向"卖文化"转型，保持对游客的吸引力，满足人民群众日益增长的精神文化需求。

(资料来源：中国旅游报)

中国最后的水上人家"光福"

子情境一　函电处理

一、下达任务

哈尔滨××旅行社现接到北京天坛旅行社传真(见表 3-1)及微信留言(见图 3-1)。

表 3-1　北京天坛旅行社传真

收件人旅行社：哈尔滨××旅行社	发件日期：2023 年 9 月 12 日
收件人姓名：陈立华	共 1 页　第 1 页
发件人旅行社、传真号： 北京天坛旅行社：010-66891234	发件人姓名：宋红女士

陈立华女士：

　　您好！

　　由我社组织的旅游团一行 22 人(外加全陪 1 人)，将于 2023 年 10 月 20 日乘 T17 次火车出发，于 10 月 21 日早 7:13 到达哈尔滨站，10 月 27 日早 11:00 乘 K216 次火车离开延吉返回北京。北京往返的火车票已经订妥，请安排哈尔滨、齐齐哈尔、五大连池、牡丹江、长白山、延吉六地七日游，按内宾标准团接待(住宿请安排三星级)。请尽快将行程安排及每个人的接待价格报给我社。

　　谢谢！

> 宋红　亲，在吗？
>
> 　　　　　　　　　　在啊　陈立华
>
> 宋红　由我社组织的旅游团一行 22+1 人，将于 2023 年 10 月 21 日 9:20 抵达哈尔滨站，2023 年 10 月 27 日上午 11:00 离开延吉返回北京，往返票已经订妥。请贵社安排哈尔滨、齐齐哈尔、五大连池、牡丹江、长白山、延吉六地七日游，按内宾标准团接待(住宿请安排三星级)。请尽快将行程安排及每个人的接待价格报给我社。谢谢！
>
> 　　　　　　　　好的，马上。陈立华
>
> 宋红 🖐

图 3-1　北京天坛旅行社微信留言

二、填写任务单

任务单如表 3-2 所示。

表 3-2　任务单

小组成员：		指导教师：
任务名称：	模拟地点：	
工作岗位分工：		
工作场景： 哈尔滨××旅行社； 传真的处理； 设计线路； 安排落实接待事宜； 模拟团队跟踪		
教学辅助设施	模拟旅行社真实工作环境，配合相关教具	
任务描述	通过对外来函电的处理，进行线路设计和团队跟踪	
任务资讯重点	主要考查学生对处理外来函电的程序和线路设计的掌握水平	
任务能力分解目标	1. 传真的处理； 2. 设计线路； 3. 安排落实接待事宜； 4. 模拟团队跟踪	
具体实施		

三、任务整体评价考核点

当哈尔滨××旅行社计调人员接到北京天坛旅行社的传真后，计调人员需要做的具体工作如下。

(1) 传真的处理。

(2) 设计线路。

(3) 安排落实接待事宜。

(4) 团队跟踪。

四、相关知识点

现代社会通信发达，人们利用多种联系方式进行沟通，旅行社之间往来的方式已经不仅仅局限于打电话和发传真，而是采用多种方式进行沟通，比较常见的是 QQ、微信、钉钉等。但旅行社之间沟通的内容并没有改变，旅行社往来函电类型有很多种(如询价函电、委托代办函电等)，计调人员收到后，应处理和管理好各类函电。

(一)函电的处理

函电处理的八字方针：阅读、设计和计算、回复，其具体操作内容如下。

1. 阅读

阅读函电内容，函电由何地发来、客户名称、发函电人是谁、日期(发电日期和要求回复日期)、是不是老客户；确认函电类型，是询价函电还是委托代办函电。

2. 设计和计算

(1) 询价函电办理的程序。

设计按函电要求的线路安排、服务标准、住宿档次、用餐标准及其他一些特殊要求排出"旅游行程表"。

算：计算车费、餐费、景点门票、交通费、综合服务费及附加费等各种费用。

报：将以上旅游行程及每位旅游者购买该产品的价格报给客户。

得到确认后，根据确认的旅游行程、服务等级及客户特殊要求写接待计划单交给经办部门，以做接待准备。

(2) 零星业务委托函电办理程序。

算：根据委托业务项目，计算出委托代办费用。

报：将计算出的委托代办费用报给委托方，并确认。

填：根据函电内容填写任务通知书，一式两份，一份留存备查、一份同原件一起交给经办部门。

3. 回复

将经办的情况及时回复委托方。

以上函电要根据函电要求及时处理，一般要在 48 小时内明确答复对方。

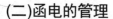

(二)函电的管理

整理函件存档一般有如下三种方法。

1. 按客户建档

将函电按客户名称建档存放,在档案封面标明客户名称、地址及通信号码,这种方法有利于随时掌握各个客户的情况。

2. 按旅游团队建档

将函电按旅游团队建档存放。将已报价或已成团的函电按团队名称建档,在档案封面标有团队名称、编号及月份,这种方法有利于外联及时安排各团计划。

3. 按确认与否建档

将所有"已确认"与"未确认"的函电分别存档,在档案封面上标明"已确认"或"未确认"。

(三)函电处理实例

哈尔滨××旅行社计调人员收到传真后按下列步骤处理。

1. 阅读

(1) 传真由北京天坛旅行社传来,发件人:陈立华。

(2) 日期:2023 年 10 月 21 日。

(3) 旅游团人数:22 游客+1 全陪。

(4) 服务等级:标准。

(5) 线路:哈尔滨、齐齐哈尔、五大连池、牡丹江、长白山、延吉。

(6) 饭店:三星级。

(7) 要求:无特殊要求。

(8) 2023 年 10 月 21 日早 9:20 到达哈尔滨站,10 月 27 日晚 9:00 乘火车离开延吉返回北京,往返火车票由对方订妥。

2. 设计

第一天　早 7:13 抵哈尔滨。早餐后,游览中外闻名的太阳岛风景区(游览时间大约 2.5 小时)、太阳石、太阳门、松鼠岛、水阁云天、室内冰灯展(费用自理)、中日友谊园、鹿苑,游览世界上最大的东北虎养殖基地东北虎林园(游览时间大约 1 小时,费用自理),游览圣·索菲亚教堂(远东地区最大的东正教教堂)广场、俄罗斯商品城,游览具有欧式建筑艺术长廊之誉的百年老街中央大街步行街,车览哈尔滨标志性建筑"防洪纪念塔",游览土特产商场。午餐后乘车赴齐齐哈尔。

晚住齐齐哈尔。

第二天　早餐后,车览黑龙江省西部地区最大的佛教寺院——大乘寺(外景),后乘车赴国家 4A 级景区扎龙自然保护区(游览时间大约 3 小时),抵达后观湿地风光,登上望鹤楼欣赏一望无际的芦苇荡,用高倍望远镜寻觅野生丹顶鹤的足迹(费用自理),于观鹤区观赏丹顶鹤的仙姿，观看丹顶鹤放飞表演(定时放飞)，欣赏群鹤起舞、百鹤争鸣，与吉祥长寿的丹顶鹤合影留念，可乘扎龙快艇畅游扎龙湖(费用自理)。午餐后，乘车赴五大连池风景区，游览南北饮泉(游览时间大约 1.5 小时)，观药泉湖、益身亭、神泉旧址、长寿廊、北苑赏苇。

晚住五大连池。

第三天　早餐后，游览黑龙山景区(游览时大约 3 小时)，观山巅火口、熔岩石海、岩浆溢出口、桦林沸泉、桦林幽静。游水晶宫和地下冰河(费用自理)，游览龙门石寨(费用自理 40 元)，游龙门云顶、兴安桧柏、云彬。午餐后，乘车返回哈尔滨。

晚住哈尔滨。

第四天　早餐后，乘车赴中国第一大高山堰塞湖——镜泊湖景区。乘船(费用自理)游览镜泊湖的毛公山、湖心岛、元首楼、抱月湾、地下电站等。晚餐后，入住酒店。

晚住镜泊湖。

第五天　早餐后，参观中国三大瀑布之一的吊水楼瀑布、黑龙潭、玄武岩石壁等。乘车赴长白山，途中观赏大自然的田园风光，观婀娜多姿的美人松、亭亭玉立的白桦林，走进林海世界，感受大自然的美丽。

晚住二道白河。

第六天　早餐后，乘车赴长白山，换乘景区环保车进入长白山自然保护区。乘到站车(费用自理)或步行沿天池长廊登上长白山主峰(费用自理)。游览三江之源长白山天池，观赏长白大瀑布(费用自理)，观聚龙温泉群，自费沐浴火山温泉(费用自理)，自费品尝温泉鸡蛋，游览风光旖旎的小天池、地下森林等。视时间情况可自费观赏东北虎林园或峡谷浮石林及参加长白山第一漂流。

晚住二道白河。

第七天　早餐后，乘车到延吉，途中观赏生态沟，沿途参观梅花鹿养殖基地。观亚洲最大的人工养熊基地——熊乐园，逛韩国商品城延吉农贸市场，中午 11:00 乘 K216 次列车返回北京。

3. 计算报价

(1) 用房：元/人(如出现单男或单女，客人自补房差价)。

① 哈尔滨：三星，90 元/(人·天)(含早餐)。

② 五大连池：双人标间，75 元/(人·天)(不含早餐、无空调)；单人标间，120 元/(人·天)(含早餐、有空调)。

③ 齐齐哈尔：三星，85 元/(人·天)(含早餐)。

④ 二道白河：准三星，110~130 元/(人·天)(含早餐)。

⑤ 镜泊湖：准三星，110~130 元/(人·天)(含早餐)。

⑥ 延吉：准二星/准三星，110~130 元/(人·天)(含早餐)。

(2) 用餐：12 正 6 早。

早餐：15 元/(人·餐)。

正餐：25 元/(人·餐)，十菜一汤，十人一桌；20 元/(人·餐)，八菜一汤，十人一桌。

长白山上中餐为路餐或盒饭，桌餐为 25~30 元/(人·餐)。

(3) 用车：分段用车。

哈尔滨→齐齐哈尔→五大连池→哈尔滨→牡丹江→长白山→延吉。

33座：11000元/台；45座：13000元/台；55座：15000元/台。

(4) 门票：景点第一门票。

哈尔滨段：太阳岛。

五大连池段：黑龙山，80元；南北饮泉，30元；龙门石寨，45元；地下冰河+水晶宫，60元/人(7月、8月、9月全价)。

齐齐哈尔段：扎龙，65元/人(如价格调整，客人应按门市价自补差价)。

牡丹江/镜泊湖段：镜泊湖，100元/人。

延吉/长白山段：长白山，105元；环保车，85元。

(5) 导服：优秀的导游服务35元/人。

(6) 保险：旅社行责任险50元/人。

4. 回复

将以上行程和每人接待费用报给北京天坛旅行社。

请同学们将刚刚接收的外来函电的处理结果发送给对方旅行社，并填写传真回复件或微信回复及计调操作确认单，如表3-3、图3-2和表3-4所示。

表3-3　传真回复件

收件人旅行社：北京天坛旅行社	发件日期：2023年9月12日
收件人姓名：宋红	共1页　第1页
发件人旅行社、传真号： 哈尔滨启航旅行社：0451-82395874	发件人姓名：陈立华女士

宋红女士：

您好！

谢谢！

陈立华　亲，在吗？

在啊　宋红

陈立华　由你社组织的旅游团一行22+1人，将于2023年10月21日9:20抵达哈尔滨站，2023年10月27日上午11:00离开延吉返回北京，往返票已经订妥。现将行程安排及每个人的接待价格报给你们。

谢谢！　宋红

陈立华　希望合作愉快！

图3-2　计调操作确认微信回复

表 3-4　计调操作确认单

北京天坛旅行社有限公司计调操作确认单

接单日期：　　　　　　编号：　　　　　　　　　　　　等级：□政府　□企业　□拼团

业务员：　　　人数：　　　天数：　　　主题：

去程交通：□飞机　□火车　□大巴　　返程交通：□飞机　□火车　□大巴

	接客车辆	飞机	火车	大巴
去程	驾驶员姓名：	航班号：	车次：	主驾驶员姓名：
	车牌：			副驾驶员姓名：
	车型：	起飞时间：	发车时间：	车牌：
	接客地址：			车型：
	接客时间：	起飞机场：	发车站台：	接客地址：
	行车线路：			接客时间：
	□已确认	□已确认	□已确认	□已确认
	接客车辆	飞机	火车	大巴
返程	驾驶员姓名：	航班号：	车次：	主驾驶员姓名：
	车牌：			副驾驶员姓名：
	车型：	起飞时间：	发车时间：	车牌：
	接客地址：			车型：
	接客时间：	起飞机场：	发车站台：	接客地址：
	行车线路：			接客时间：
	□已确认	□已确认	□已确认	□已确认

火车，大巴餐食标准及详情，参考附件		□已确认
领队(全陪)姓名、联系电话：		□已确认
客人资料信息(参考附件)，已确认无误，名字无模糊，身份证号码无错误		□已确认

地接社信息	地接社全称：	导游：
	地接社电话：	联系方式：
	地接社传真：	注意事项：
	地接社负责人：	
	负责人联系电话：	
	□以上地接社信息已确认	

出团前的准备资料		备注：
1. 计调业务操作确认单	□已确认	
2. 导游费用报销单	□已确认	
3. 导游联系卡	□已确认	□已确认
4. 帽子、胸牌、水、导游旗	□已确认	
5. 宾馆确认单	□已确认	
6. 景点确认单	□已确认	
7. 餐厅确认单	□已确认	
8. 车队确认单	□已确认	
9. 旅游任务单	□已确认	
10. 保险确认	□已确认	
11. 其他补充	□已确认	

部门经理审核：　　　　　公司副总经理审核：　　　　　公司总经理审核：

小　结

本子情境主要介绍旅行社计调人员对外来函电的处理和管理。通过本子情境的学习，学生可掌握函电处理的八字方针：阅读、设计和计算、回复，可以进行具体操作演练，并能够对外来函电进行管理。

子情境二　中国内地(大陆)主要旅游目的地景点介绍及线路示例

一、下达任务

请根据我国内地(大陆)旅游资源的特点进行旅游区的划分，了解每个旅游区的特色，进行线路设计。

二、填写任务单

任务单如表 3-5 所示。

表 3-5　任务单

小组成员：		指导教师：
任务名称：	模拟地点：	
任务描述	了解旅游区的特色，设计线路	
任务资讯重点	主要考查学生对中国内地(大陆)主要旅游目的地景点的了解，以及进行线路设计的能力	
小组成果展示		

三、任务整体评价考核点

(1) 了解中国内地(大陆)六大旅游区的主要景点特色。

(2) 了解当地风土人情和当地禁忌。

(3) 根据旅游区特色，自行设计有新意的旅游线路。

四、相关知识点

中国幅员辽阔，旅游资源丰富。各地旅游资源各有特色。作为一名计调人员，在设计旅游线路产品之前，首先要将中国内地(大陆)的旅游资源进行分类，一般划分为以下六大旅游区域。

(1) 东北旅游区：黑龙江省、吉林省、辽宁省。

(2) 华北旅游区：北京市、天津市、河北省、河南省、山西省、山东省、陕西省。

(3) 华东旅游区：上海市、江苏省、浙江省、安徽省、江西省。

(4) 华南旅游区：湖北省、湖南省、广东省、福建省、海南省。

(5) 西南旅游区：云南省、贵州省、重庆市、四川省、广西壮族自治区、西藏自治区。

(6) 西北旅游区：甘肃省、内蒙古自治区、宁夏回族自治区、新疆维吾尔自治区、青海省。

(一)东北旅游区

东北旅游区包括黑龙江省、吉林省、辽宁省三省。北国风光，虽不如江南婉约秀美，可在北风呼啸中看漫天雪花，也绝对是不可错过的风景。

以黑龙江省为例。黑龙江省是中国最东北的省份，位于东经 121°11′~135°05′，北纬 43°25′~53°33′，面积为 45 万余平方千米，约占全国总面积的 4.7%，省会哈尔滨。北部、东部以黑龙江、乌苏里江为界，与俄罗斯相望；西部与内蒙古自治区毗邻；南部与吉林省接壤。有长 10 千米以上的河流 1700 多条，多处平原海拔 50~200 米。西部属松嫩平原；东北部为三江平原；北部、东南部为山地。

黑龙江省属寒温带，一半温带湿润气候一半湿润季风气候。冬季长而寒冷，夏季短而凉爽，南北温差大，北部甚至长冬无夏。因而夏宜避暑，冬宜赏雪、观冰灯、进行冰雪运动。1 月平均气温-31℃~-15℃，极端最低气温达-52.3℃(漠河 1969 年 2 月 13 日)。7 月为 16℃~23℃，无霜期仅 3~4 个月，年平均降水量 300~700 毫米。有汉族、满族、朝鲜族、蒙古族、回族达斡尔族、鄂伦春族、赫哲族、柯尔克孜族、鄂温克族等民族。

哈尔滨获 2025 年第九届
亚冬会举办权

旅游攻略

鄂伦春人

1. 黑龙江省常规旅游线路

黑龙江省常规的旅游线路如表 3-6 和表 3-7 所示。

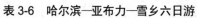

表 3-6　哈尔滨—亚布力—雪乡六日游

日　期	行程安排
第一天	抵达哈尔滨后，入住宾馆。
第二天	早 7:00 左右宾馆接团，乘旅游车赴亚洲最大的国际滑雪中心——亚布力滑雪旅游度假区(车程约 3.5 小时)，沿途欣赏北国林海雪原风光。10:30 左右抵达亚布力(俄语"亚布洛尼"音译，即苹果园的意思)，坐车游览极具荷兰特色的风车山庄，可看到"大地之子"风车网阵、木屋别墅。聆听导游员讲解好汉尚布、灵芝女希拉美丽动人的传说。午餐后，休息片刻然后在初学者滑雪场学习滑雪 2 小时(教练费自理)，亲自体验惊险而刺激的滑雪运动，自费乘坐缆车登上锅盔山参与新奇、刺激的世界第一滑道(全长 2680 米、48 个弯道、落差 560 米)，晚上住在亚布力！ 用餐：午餐、晚餐 住宿：亚布力
第三天	早餐后，欣赏雾气缭绕的山城日出，自费乘高空索道，登上亚布力景区最高峰海拔 1374.80 米的大锅盔山山顶(山顶雪深约 1.5 米)，打雪仗、堆雪人、欣赏世界稀有植物——偃松，观雪山胜景、山顶石海(约 1 亿年前形成)、高山树挂等自然奇景；也可选择参加惊险刺激的世界第一滑道。午餐后自由选择亚布力风景区内各项雪上娱乐活动：溜滑圈、马拉爬犁、狗拉爬犁等。返回哈尔滨后专车送回下榻酒店！ 用餐：早餐、午餐 住宿：哈尔滨
第四天	早上于预定时间在酒店大堂等候，集合出发乘车前往中国第一雪乡——双峰林场(约 4.5 小时)，沿途欣赏千里冰封、万里雪飘的北国冬季雪景。抵达后参观国家级雪上冬训基地、中国人民解放军"八一"滑雪场，有可能观赏到国家级滑雪运动员高山花样滑雪训练。坐上原始的交通工具马拉爬犁一边走、一边照，前往"朱开山影视城"(费用自理)，亲临《闯关东》《大约在冬季》等著名电视剧的取景地。漫步在最为淳朴的北方特色农家村落——雪韵大街，前往梦幻家园(费用自理，视天气情况开放)；到木屋博物馆参观伐木工具和衣帽；亲自体验拉锯、劈柴、规楞等劳动作业，感受林区生产生活场景；登观景台俯瞰雪乡全景；坐滑圈返回山下；有兴致的游客还可以欣赏到搞笑开心的东北二人转表演。雪乡的夜景尤为美丽，洁白如玉的白雪在大红灯笼的照耀下，宛如朵朵白云飘落人间，幻化无穷…… 用餐：午餐、晚餐 住宿：雪乡农家特色火炕
第五天	可乘坐雪域登山车登雪乡最高峰——羊草山(费用自理)，拍摄雪乡奇观：炊烟、白雪、松柏、高山(国家级获奖雪景摄影作品大多在这里拍摄的)。也可继续感受高山滑雪的乐趣(自费)，继续在白雪皑皑的童话世界赏雪、咏雪、戏雪(堆雪人、打雪仗)，尽情地在雪地里打滚，感受宁静自然的乡村风光。返回哈尔滨后专车送回下榻酒店！ 用餐：早餐、午餐 住宿：哈尔滨

续表

日 期	行程安排
第六天	早上 9:00 左右集合出发游览哈尔滨经济开发区、亚洲第一高钢塔——龙塔广场(上塔费用自理。可登塔俯瞰哈尔滨全市城景、远东地区最大的东正教教堂——圣·索菲亚教堂,参观列那俄罗斯工艺品商店。前往哈尔滨母亲河——松花江,参加松花江冰上活动:打冰滑梯、观冬泳,参观东北土特产参茸中心。乘车经松花江公路大桥游览太阳岛风景区,太阳岛碑前留影纪念,可参观雪雕作品展——太阳岛雪博会(费用自理)。参观海狮或白鲸表演(费用自理 120 元/人)、哈尔滨人民战胜汹涌肆虐的洪水的标志——防洪纪念塔,逛一逛拥有 71 座欧洲各风格建筑、亚洲最长的商业步行街——中央大街,体验踩在坚实而精巧、光滑而细腻的石头路面上,置身于建筑艺术长廊中,感受充满异国情调百年老街的无穷韵味……晚上乘坐空调旅游巴士赴我们美丽的松花江北岸前往梦幻乐园——冰雪大世界(费用自理 300 元/人),进行愉快的冰雪之旅,体验冰雪的魅力。用餐:早餐、午餐

表 3-7 漠河—呼中四日游

日 期	行程安排
第一天	漠河接机(火车),乘车出发前往观音山(行程 50 千米,用时 1 小时)→观音山拜观音(1 小时)→参观李金镛祠堂(30 分钟)→安排入住家庭宾馆→品尝以黑龙江鱼及北极村农家菜为主的特色晚餐
第二天	早晨 7:00 用餐后,参观北极村景区景点。开始"找北"之旅→乘车到北极沙洲岛(行程 3 千米)→游玄武广场、金鸡之冠广场和北望亚口广场→参观最北一家、最北一店→游览与海南天涯海角齐名的北极广场→在漠河象征神州北极碑前合影→船游黑龙江观江对岸俄罗斯风光(自费)→参观最北邮政所,制作自拍照明信片(自费)→晚餐后入住农家宾馆。之后自由活动,可在黑龙江边举办篝火晚会(自费)
第三天	早晨 7:00 用餐,7:30 分乘车从北极村前往呼中区(行程 230 千米,用时 3 小时)→途中停车观光白卡鲁山大岭(20 分钟)→午餐品尝呼中特色后参观呼中老知青纪念馆(30 分钟)→参观保护区资源馆(30 分钟)→前往苍山景区(行程 20 千米,用时 40 分钟)→途中停车观呼玛河谷森林地下森林风光(20 分钟)→抵达苍山山下停车场后登山至石林景区参观(1 小时)→晚餐后安排入住白山宾馆
第四天	早晨 7:30 分用餐,早餐后前往呼中国家级自然保护区参观(行程 60 千米,用时 1 小时)→午餐后返回漠河→游览中国唯一城中原始森林公园松苑公园→游西山广场观漠河小城全貌→晚上送机

2. 黑龙江省主要旅游景点简介

1) 中国雪乡

雪乡位于黑龙江省牡丹江市境内的大海林林业局辖区内的双峰林场。该林场位于黑龙江省海林市长汀镇秃顶子山西南侧,张广才岭中段。距长汀镇 105 千米,占地面积 500 公顷,海拔 1500 米左右。受日本海暖湿气流和贝加尔湖冷空气影响,冬季降雪期长,雪期可长达 7 个月,积雪厚度可达 2 米左右。雪质好、黏度高,积雪从房檐悬挂到地面,形成了独特的雪帘、树挂,雪乡受山区气候影响,每年秋冬开始,就风雪涌山,是全国降雪量最大的地区,素有"中国雪乡"的美誉。

2) 镜泊湖

中国最大的高山堰塞湖——镜泊湖，位于黑龙江省牡丹江市的西南面。镜泊湖是因5000 年前火山多次喷发，熔岩阻塞牡丹江古河床而形成的火山熔岩堰塞湖。湖水南浅北深，湖面海拔 350 米，最深处超过 60 米，最浅处则只有 1 米；湖形狭长，南北长 45 千米，东西最宽处 6 千米，面积约 91.5 平方千米。景区总面积 1214 平方千米，容水量约 16 亿立方米。镜泊湖是中国最大、世界第二大的高山堰塞湖，著名的旅游、避暑和疗养胜地，国家级重点风景名胜区，国际生态旅游度假避暑胜地，世界级地质公园，距离牡丹江市区仅百余千米。

"镜泊"意为"清平如镜"，在历史上有"忽汗海"等名谓，至明代始称镜泊湖。沿湖两岸有"外八景"等众多天然景点，还流传着许多美丽的神话与传说，并有许多古代文化遗址与现代革命史故址。

3) 五大连池

五大连池风景名胜区自然保护区位于黑龙江省北部，距哈尔滨市 380 千米，距黑河 230千米。五大连池风景名胜区自然保护区总面积 1060 平方千米，有耕地 35.8 万亩、林地 32.1万亩、草原 5.73 万亩，湿地 15 万亩。五大连池火山群是由远古、中期和近期火山喷发形成的，火山地质地貌保存完好，是世界上少见的类型齐全的火山地质地貌景观，专家称其具有科学性、系统性、完整性、典型性和美学性，是中国首屈一指的世界著名火山。五大连池矿泉是世界三大冷泉之一，有铁硅质、镁钙型重碳酸低温冷矿泉水，天然含汽，可饮可浴，健身御病；有偏硅酸、氡等类型矿泉水，享有"药泉""圣水"之誉。五大连池具有纯净的天然氧吧、独特的火山全磁环境、特效的药性洗泉、灵验的药用矿化离子水、神奇的火山岩太阳能理疗场等。

(二)华北旅游区

华北旅游区包括北京市、天津市、河北省、河南省、山西省、山东省、陕西省。

北京与西安、洛阳、南京并称中国"四大古都"，拥有 6 项世界遗产，是世界上拥有文化遗产项目数最多的城市，具有重要的国际影响力，也是世界上最大的城市之一。北京，在金朝第一次成为古代中国的都城(1153 年)，是北京建都史之始。金朝时的北京称为中都，人口超过一百万。金中都为元、明、清三个朝代的北京城的建设奠定了基础。北京市位于华北平原的西北边缘，背靠燕山，有永定河流经老城西南。

1. 华北旅游区常规旅游线路

华北旅游区常规旅游线路如表 3-8 和表 3-9 所示。

表 3-8 北京二日游

日　期	行程安排
第一天	天安门、故宫、天坛、颐和园、万寿寺 浏览世界上现存规模最大的皇家园林——颐和园(游览时间约 2.5 小时)，园中共有亭、台、楼、阁、廊、榭等不同形式的建筑 3000 多间，其中佛香阁、长廊、石舫、苏州街、十七孔桥、谐趣园、大戏台等都已成为家喻户晓的代表性建筑。 参观万寿寺——乾隆曾三次在这里为其母祝寿。东路为方丈院，西路为行宫院，慈禧就曾住在这里，所以也称作慈禧行宫。

续表

日 期	行程安排
第一天	前往皇帝用来祭天、祈谷的场所——天坛。北京天坛坐落在皇家园林当中，四周古松环抱，是保存完好的坛庙建筑群，无论在整体布局还是在单一建筑上，都反映出天地之间的关系，而这一关系在中国古代宇宙观中占据着核心位置。同时，这些建筑还体现出帝王将相在这一关系中所起的独特作用。 游览世界五大宫殿之首北京故宫，游览故宫三大殿(太和殿、中和殿、保和殿)。故宫历经了明、清两个朝代 24 位皇帝，是明清两朝最高统治核心的代名词，见证了明清宫廷 500 多年的历史。约 18:00 行程结束，游客广场散团
第二天	八达岭长城、十三陵定陵、古神路、石牌坊、鸟巢、水立方 登万里长城，车览居庸关外景，游览八达岭长城(活动时间约 3 小时)，如若乘坐缆车费用自理。前往十三陵，路程约 20 分钟，游览我国已开发的明朝地下宫殿——定陵(活动时间 2 小时左右)，途中观赏古神路石牌坊，远眺当年由毛主席指挥万人修建的十三陵水库外景。后可自愿参观十三陵明皇蜡像宫，蜡像宫截取了明朝 26 个历史场景，辅以现代影视、声光效应，再现明朝 16 位皇帝。 游览鸟巢、水立方，游客沿途就近下车，结束行程

表 3-9　游曲阜"三孔"赏五岳独尊

日 期	行程安排
第一天	趵突泉东门(或 7:20 火车站泉城宾馆门口)集合，乘车赴鲁国故城——曲阜(距离 150 千米左右，车程约 2.5 小时)。 抵达曲阜后游览世界文化遗产——三孔：孔庙(80 分钟)，孔府(70 分钟)，孔林(50 分钟)。世界上祭祀孔子规模最大、最原始的庙宇——孔庙(仿皇宫之制而建的宏伟建筑群，与北京故宫、承德避暑山庄合称中国三大古建筑群)，天下第一家——孔府(孔子嫡系子孙办公、生活的地方，身临其境感受孔氏家族的儒雅气息)，世界上历时最久、面积最大的家族墓地——孔林(孔子及其家族专用墓地)(若乘三孔景区周转车，费用自理)
第二天	前往天外村游泰山，乘坐当地的换山车(25 分钟)，抵达中天门，步行(120 分钟)或索道上山(费用自理索道，往返 15 分钟)，如徒步上山，可观赏到斩云剑、步云桥、迎客松，体会"天门云梯"——十八盘。南天门集合后游览天上的街市——天街，欣赏洋洋洒洒的摩崖石刻——大观峰，汉武大帝所立的石碑——无字碑、青帝宫、玉皇顶等景点，后步行或乘缆车下山(乘缆车费用自理)，途中参观中华奇石——木鱼石(30 分钟)、山东土特产汇总店(30 分钟)，乘车返回济南，结束愉快的行程

2. 华北旅游区主要景点简介

1) 明清故宫

明清故宫又称紫禁城，是明清两代的皇宫，是世界上现存规模最大、最完整的古代木结构建筑群，为我国现存最大、最完整的古建筑群。它始建于明永乐四年(公元 1406 年)，历时 14 年才完工，共有 24 位皇帝先后在此登基。无与伦比的古代建筑杰作紫禁城占地 72 万余平方米，共有宫殿 9000 多间，都是木结构、黄琉璃瓦顶、青白石底座，饰以金碧辉煌的彩画。这些宫殿是沿着一条南北向中轴线排列，并向两旁展开，南北取直，左右对称。这条中轴线不仅贯穿在紫禁城内，而且南达永定门，北到鼓楼、钟楼，贯穿了整个城市，气魄宏伟、规划严整，极为壮观。它标志着我们祖国悠久的文化传统，显示着 600 多年前匠师们在建筑上的卓越成就。

2) 八达岭长城

八达岭长城位于北京市区军都山关沟古道北口，史称天下九塞之一，是万里长城的精华，在明长城中独具代表性。

该段长城地势险峻，居高临下，是明代重要的军事关隘和首都北京的重要屏障。八达岭地理环境优越，自古以来就是通往山西、内蒙古、张家口的交通要道。

八达岭长城其关城为东窄西宽的梯形，建于明弘治十八年(1505 年)，嘉靖、万历年间曾修葺。关城有东西二门，东门额题"居庸外镇"，刻于嘉靖十八年(1539 年)；西门额题"北门锁钥"，刻于万历十年(1582 年)。两门均为砖石结构，券洞上为平台，台之南北各有通道，连接关城城墙，台上四周砌垛口。

八达岭长城为居庸关的重要前哨，古称"居庸之险不在关而在八达岭"。明长城的八达岭段是长城建筑最精华段，集巍峨险峻、秀丽苍翠于一体，"玉关天堑"为明代居庸关八景之一。

3) 颐和园

颐和园原是清朝帝王的行宫和花园，前身清漪园，是三山五园(三山是指万寿山、香山和玉泉山。三座山上分别建有三园清漪园、静宜园、静明园，此外还有附近的畅春园和圆明园，统称五园)中最后兴建的一座园林，始建于 1750 年，1764 年建成，面积 290 公顷，水面约占 3/4。乾隆继位以前，在北京西郊一带，已建起了四座大型皇家园林，从海淀到香山这四座园林自成体系，相互间缺乏有机的联系，中间的"瓮山泊"成了一片空旷地带。乾隆十五年(1750 年)，乾隆皇帝为孝敬其母亲，动用 448 万两白银将这里改建为清漪园，以此为中心把两边的四个园子连成一体，形成了从现在清华园到香山长达 20 千米的皇家园林区。咸丰十年(1860 年)，清漪园被英法联军焚毁。

光绪十四年(1888 年)，慈禧太后以筹措海军经费的名义动用银两(据专家考证，应为 500 万～600 万两白银)，由"样式雷"的第七代传人雷廷昌主持重建，改称颐和园，作为消夏游乐地。到光绪二十六年(1900 年)，颐和园又遭"八国联军"的破坏，许多珍宝被劫掠一空。光绪二十九年(1903 年)修复。后来在军阀混战、国民党统治时期，又遭破坏。1949 年中华人民共和国成立之后，政府不断拨款修缮。1961 年 3 月 4 日，颐和园被公布为第一批全国重点文物保护单位。1998 年 11 月被列入《世界遗产名录》。2007 年 5 月 8 日，颐和园由国家旅游局正式批准为国家 5A 级旅游景区。2009 年，颐和园入选《中国世界纪录协会》，是中国现存最大的皇家园林。颐和园拥有多项世界之最、中国之最。

4) 泰山

泰山是中国五岳之首，古名岱山，又称岱宗，位于山东省中部，济南、长清、肥城、泰安之间。其南麓始于泰安城，北麓止于济南市，方圆 426 平方千米。矗立在鲁中群山间。泰山主峰玉皇顶，海拔 1532.7 米。泰山是中国第一批国家级风景名胜区之一，又是天然的艺术与历史博物馆。泰山约形成于 3000 万年前的新生代中期。泰山区域地层古老，主要由混合岩、混合花岗岩及各种片麻岩等几种古老岩石构成，距今约 24 亿～25 亿年，属于太古代岩类。泰山有"五岳之长""五岳独尊"的称誉。泰山上存有许多人文景观。据中国古代各朝代文献记载，此山经常是皇帝设坛祭祀祈求国泰民安和举行封禅大典之地。第一个在此举行大规模封禅仪式的是秦始皇，在泰山封禅祭祀被人认为是天神必将赐予吉祥的"符

瑞"，这便形成泰山大典的历代传统。

5）三孔

"千年礼乐归东鲁，万古衣冠拜素王"，曲阜之所以享誉全球，是因为其与孔子的名字紧密相连。孔子是世界上最伟大的哲学家之一，中国儒家学派的创始人。在两千多年漫长的历史长河中，儒家文化逐渐成为中国的传统文化。

曲阜的孔府、孔庙、孔林，统称"三孔"，是中国历代纪念孔子，推崇儒学的表征，以丰厚的文化积淀、悠久的历史、宏大的规模、丰富文物珍藏，以及科学的艺术价值而著称。

(三)华东旅游区

华东旅游区包括上海市、江苏省、浙江省、安徽省、江西省。

1. 华东旅游区常规旅游线路

华东旅游区常规旅游线路如表 3-10 和表 3-11 所示。

表 3-10　上海、苏州、无锡、南京、杭州、乌镇、西溪湿地、黄山、千岛湖八日精华游

日　期	行程安排
第一天	乘机赴国际化都市上海，入住酒店
第二天	早餐后，乘车前往无锡，游览"太湖佳绝处，毕竟在鼋头"——鼋头渚(约 1.5 小时)，赏中国第三大淡水湖——太湖，感受太湖的烟波浩渺(天气许可)。游览灵山大佛景区(约 2 小时，观赏 88 米高的世界最高释迦牟尼铜像，欣赏太湖美景、摸佛手、求佛寿。参观堪称"东方卢浮宫"的灵山金色梵宫。参观无锡蠡湖紫砂博览馆(约 50 分钟) 用餐：早餐、中餐　住宿：无锡
第三天	早餐后，乘车赴南京。游览伟大革命先驱者孙中山先生的陵墓——中山陵(约 1.5 小时，周一闭馆)。游览中华门(约 30 分钟)。参观夏普蕾刀具展览中心。后乘车赴黄山 用餐：早餐、中餐　住宿：黄山山下
第四天	早餐后，游览黄山景区，共有始信峰、猴子观海、梦笔生花、排云海、清凉台、远眺天都峰，游览世界奇松迎客松、玉屏峰，观莲花峰、百步云梯、一线天、天海、光明顶、飞来石等，领略奇伟俏丽、灵秀多姿的黄山风采，体验"五岳归来不看山，黄山归来不看岳"的感觉。(黄山缆车费用自理单程81元/人，自理景区交通费38元/人，登山时间可能较早，请视身体及天气情况量力而行) 用餐：早餐　住宿：黄山山下
第五天	早餐后，乘车赴群山绵延、森林繁茂、绿视率100%、湖区573平方千米、能见度达12米、国家一级水体、被赞誉为"天下第一秀水"的千岛湖。游览千岛湖3~4个岛。后乘车赴杭州，乘船游览(约40分钟)"古今难画亦难诗"的西湖，沿途可欣赏到断桥、白堤、雷峰塔、三潭印月风光。乘车至梅家坞梅坞问茶购物店(约45分钟)。晚上，乘车前往全国最大的仿宋建筑群——宋城(约2小时)，游览宋朝古街，观赏投资6000多万元的大型古装表演"宋城千古情" 用餐：早餐、中餐　住宿：杭州

日 期	行程安排
第六天	早餐后,游览《非诚勿扰》拍摄基地——西溪湿地(约 1.5 小时,含电瓶车、船票)。参观丝绸展示购物中心,看丝绸表演(约 45 分钟)。后参观江南水乡乌镇(约 50 分钟),参观茅盾故居、钱币馆、蓝布馆等。中途至桐乡品养颜精品——杭白菊(约 45 分钟)。晚上船游苏州古运河(约 1 小时),观赏苏州古桥、小桥流水人家,体验红楼梦开篇提及的人间最为逍遥富贵之处的苏州古运河 用餐:早餐、中餐 住宿:苏州
第七天	游览苏州著名园林——定园(约 50 分钟),亭台楼阁映画其中、曲廊流水浑然天成,古迹遗址、大小景点三十多处,既有苏州古典园林之精,又有江南水乡之秀。游览枫桥景区(约 50 分钟),景区内含枫桥、铁关岭、大运河、虎丘斜塔。参观新东吴珍珠馆或华东珍珠展览馆(约 45 分钟)。后乘车赴上海,参观上海哈亚斯水晶城(约 45 分钟)。晚上游览上海夜景(约 2 小时),观百年外滩夜色,登上金茂大厦 340 米高空旋转观光厅,俯瞰东方明珠外景,近览环球金融贸易中心,乘坐黄浦江豪华游轮畅游灯火辉煌的黄浦江风情 用餐:早餐、中餐 住宿:上海
第八天	早餐后,乘飞机返回温馨的家。 用餐:早餐

表 3-11 上海、普陀山、杭州祈福六日游

日 期	行程安排
第一天	在哈尔滨太平国际机场乘机赴大都市上海 用餐:无 住宿:上海
第二天	早餐后,乘车赴杭州后船游西湖[约 1 小时,观三潭印月(不上岛)、阮墩环碧、湖心亭、孤山烟岚、断桥等,游览花港观鱼、漫步苏堤]。赴龙井村,龙井问茶(约 1 小时)。晚上可自费欣赏斥资 6000 多万元打造的"给我一天,还你千年"大型歌舞表演——"宋城千古情"(约 2.5 小时,参加宋代各种民间活动,感受清明上河图的古老风韵) 用餐:早餐、中餐、晚餐 住宿:杭州
第三天	早餐后,观赏杭州丝绸推广中心美轮美奂的丝绸文化表演。乘车赴中国历史文化名城——绍兴,游览鲁迅故居(约 1.5 小时,游览三味书屋、鲁迅祖居、百草园、咸亨酒店等)。乘车赴宁波,经舟山连岛大桥至朱家尖乘快艇赴中国四大佛教名山之一的"海天佛国普陀山紫竹林景区",参观 33 米高的普陀山标志性建筑"露天观音佛像南海观音大佛",远眺海上卧佛珞珈山 用餐:早餐、中餐、晚餐 住宿:宁波
第四天	早餐后,游览西天景区(约 1.5 小时),景区内有广福禅院、观音古洞、磐陀石、梅福庵、心字石、二龟听法石等美景,参观普陀第一大寺——普济寺(约 45 分钟)。乘快艇返回宁波,入住酒店 用餐:早餐、中餐、晚餐 住宿:宁波
第五天	早餐后,乘车赴国家 4A 级风景名胜区奉化溪口(费用自理,约 1.5 小时),参观近现代重要史迹及代表性建筑蒋氏故居丰镐房、蒋介石出生地玉泰盐铺、宋美龄别墅文昌楼、蒋经国别墅小洋房。乘车赴上海,途经跨海大桥——杭州湾大桥,尽情领略东海风光,此桥全长 36 千米,横跨东海杭州湾海域。晚上可自费观赏堪称视觉盛宴的上海夜景(2~2.5 小时,含黄浦江游船+登金茂大厦+车游夜外滩超千米车费) 用餐:早餐、中餐、晚餐 住宿:上海

日　期	行程安排
第六天	早餐后，参观上海德国希尔曼刀具店(约 1 小时)，游览万国建筑博览群——外滩，在十里洋场南京路步行街自由活动，后送团(若是早班机的游客，自动放弃上海当日景点行程) 用餐：早餐

2. 华东旅游区主要景点简介

1) 外滩夜景

外滩面对开阔的黄浦江，背倚造型严谨、风格迥异的建筑群。由于其独特的地理位置及近百年来在经济活动领域对上海乃至中国的影响，使其具有十分丰富的文化内涵。外滩的江面、长堤、绿化带及美轮美奂的建筑群所构成的街景，是最具特色的上海景观。早晨，外滩是人们的健身场所；白天，它是繁华热闹的游览胜地；晚上，则是情侣的恋爱天地。每当华灯初上之时，外滩各栋建筑物上灯光璀璨，一座座犹如水晶宫似的，令海内外游客赞叹不已。

2) 杭州西湖

西湖，又名钱塘湖，位于中国浙江省杭州市区西部，汇水面积约 21.22 平方千米，湖面面积约 6.38 平方千米，为江南三大名湖之一。2007 年，杭州西湖风景名胜区被评为"国家 AAAAA 级旅游景区"。2011 年 6 月 24 日，杭州西湖文化景观被列入《世界遗产名录》。西湖南、西、北三面环山，东邻城区，南部和钱塘江隔山相邻，湖中白堤、苏堤、杨公堤、赵公堤将湖面分割成若干水面，湖中有三岛，西湖群山以西湖为中心，由近及远可分为四个层次。

3) 苏州风情

苏州城始建于公元前 514 年，已有 2500 多年历史。苏州市是首批国家历史文化名城，著名的江南水乡，有"人间天堂"的美誉。公元 589 年，隋文帝取姑苏山之名将"吴郡"改为"苏州"。从春秋伍子胥建阖闾大城至今，苏州城始终保持着"水陆并行、河街相邻"的双棋盘格局，以"小桥流水、粉墙黛瓦、史迹名园"为独特风貌。以拙政园、山塘街为代表的苏州古典园林和中国大运河苏州段被列为世界文化遗产，以周庄古镇为代表的江南水乡古镇被列入中国世界文化遗产预备名单。作为"江南文化"的典型代表，苏州的昆曲、评弹、园林和苏绣已成为世界辨识中国的鲜明符号。

4) 南京风情

南京文化遗存众多，文化积淀深厚，历代在此留下了丰富多彩的文化遗产，六朝文化中的石刻辟邪成了南京城市标志之一。中山陵、夫子庙及秦淮风光带两处景区 1991 年被列入"中国旅游胜地四十佳"，每年接待海内外旅游者 1500 万人次。今日南京，尽展中国优秀旅游城市风采。雪松(市树)、梅花(市花)辉映着雄伟的明城墙、绿荫古都——南京，笑迎八方宾朋。

5) 无锡风情

无锡风景秀丽，历史悠久，是一座享誉国内外的旅游城市。无锡地处太湖北端，是江南蒙蒙烟雨孕育出的一颗璀璨的太湖明珠。无锡以丰富而优越的自然风光和历史文化，跻身于全国十大旅游观光城市之列。无锡历史悠久，人杰地灵，经济繁荣，在文化上也充分展示了它瑰丽的特色。无锡是人文荟萃之地。泰伯、范蠡、秦始皇、陆机、李白、陆羽、王安石、苏轼、文天祥、仇瓒、康熙帝、乾隆帝等历史名人均曾留下遗迹、诗文,为无锡增光添彩。

(四)华南旅游区

华南旅游区包括湖北省、湖南省、广东省、福建省、海南省。

1. 华南旅游区常规旅游线路

华南旅游区常规旅游线路如表 3-12 和表 3-13 所示。

表 3-12　海南三亚五天四晚豪华游

日　期	行程安排
第一天	海口接站,沿路观椰城美景,抵达酒店后入住,迎接第二天的尊贵之旅
第二天	早餐后,乘车游览万泉河风光,前往红色娘子军故乡琼海市;外观亚洲人对话平台"博鳌会址景区";乘船游览载入吉尼斯纪录的分隔河、海最狭长的沙滩半岛(游览时间约 1 小时);乘竹筏游览中国的"亚马孙"河,体验快乐"万泉河竹筏漂流",参观海南特有的少数民族村寨——黎村苗寨,欣赏黎苗歌舞,了解少数民族的风土人情;接着参观槟榔谷,探访神秘、莽莽苍苍的热带雨林(游览时间约共 1.5 小时),体会海南原始部落居民的生活,品味海南原汁原味的土著文化;后继续乘车赴海南最大的归国华侨聚集地;晚餐后,可自费观看欣赏"泰国红艺人表演"(停留时间 2.5 小时)
第三天	早餐后,亲临由冯小刚执导、葛优与舒淇主演的《非诚勿扰 2》拍摄地,海天仙境,热带天堂"亚龙湾热带天堂森林公园"(游览时间约 2.5 小时)。这里依山傍海,山在海上、人在树中、海在眼底,是遗落在人间的天堂;乘快艇登上"中国的马尔代夫"蜈支洲岛(含船票,海上娱乐项目费用自理),小岛四周海域清澈透明,海水能见度 6~27 米,是世界上为数不多的没有礁石或者鹅卵石混杂的海岛,是国内最佳度假基地(游览时间 2.5 小时);晚餐自费享用,可充分体现海南饮食文化的海鲜风味大餐(停留时间 2.5 小时)
第四天	早餐后,游览国家珊瑚保护区(最佳潜水基地)——大东海旅游区(游览时间约 3 小时,海上娱乐项目费用自理),在海滩嬉戏、海边拾贝、大海冲浪,感悟大海情怀;中餐后,参观集中外园林、佛教文化于一体的福泽之地南山寺(含南山素斋,游览时间约 180 分钟),瞻仰雄伟的大雄宝殿,膜拜世纪之作海上高 108 米的三面观音圣像;午餐后,乘车赴著名的 4A 级景区,游览天涯海角、南天一柱(游览时间约 2 小时),天涯海角是有情人终成眷属的浪漫开端,南天一柱是天荒地老不变的爱情圣地;晚间可自费乘坐游轮(游览时间约 2 小时)或自费享受海南独有的温泉鱼疗 SPA(停留时间约 2.5 小时)
第五天	早餐后,参观海南最具特色的水晶基地(游览时间约 30 分钟);前往 4A 景区亚龙湾国家旅游区,欣赏亚龙湾中心广场亚龙风景区(游览时间约 30 分钟),游览世界上天然与人工结合得最好的蝴蝶园(游览时间约 30 分钟),游览陈列来自四大洋的数千种珍奇贝类的贝壳馆(游览时间约 30 分钟);赠送游览海南仙山文笔峰(游览时间约 1.5 小时),文笔峰山上植被茂盛,山顶常云雾缭绕,沿途的仙人洞、仙人掌、仙人石等仙迹及秀美山色让人流连忘返。后返回海口,结束快乐的旅程

表3-13 闽都文化、客家土楼、福州厦门、永定土楼四日游

日　期	行程安排
第一天	福州接团，入住酒店，自由活动
第二天	前往独具福州地域特色、堪称闽都文化的聚合地、为中国十大历史文化街区之首、被誉为中国明清古建筑博物馆的中国城市里坊制度活化石——三坊七巷(费用自理，游览时间约120分钟)，参观辛亥革命志士、革命先驱林觉民与"文坛祖母"冰心曾先后居住过的，林觉民、冰心的故居，游览西学第一人、著名的教育学家、翻译家严复故居，全国重点文物保护单位、独具闽都民居文化特色的水榭戏台，参观福州楹联大师梁章钜的故居小黄楼。逛一逛独具闽都特色的南后街，领略市井风情，可自费品尝福州特色风味小吃。登临三山之一、素有东南山国第一峰美誉的于山(游览时间约60分钟)。远眺市中心最大的城市广场——五一广场，感受福州日新月异的城市发展脉动。游览有福建园林明珠之誉、福建省历史最悠久的古典园林西湖(游览时间约60分钟)，西湖公园位于市区西北部，景区占地面积45公顷，始建于晋，五代曾为闽王御花园，1914年正式辟为公园，向大众开放。参观"开眼看世界第一人"的民族英雄林则徐出生地，品福建茗茶(停留时间约50分钟)。晚上可乘豪华游轮，畅游福建第一长河、养育八闽儿女的母亲河——闽江(费用自理，游览约60分钟)，徜徉于伟大母亲宽广的怀抱中，领略两岸的秀丽风光，目睹崛起中的海峡西岸经济区首善之都的活力与激情后，入住酒店
第三天	福州乘D6201次动车(8:22发车，10:07抵达)或D6225次动车(8:40发车，10:13抵达)至经济特区、鹭岛——厦门。远古时，因为是白鹭栖息之地，厦门岛故而又称"鹭岛"。宋代太平兴国年间，因岛上产稻"一茎数穗"，又名嘉禾屿。明代被称中左所。美国前总统尼克松曾称赞厦门为"东方夏威夷"。游览闽南千年古刹——南普陀寺(游览时间约50分钟)，南普陀寺是厦门著名古刹，居于鹭岛名山五老峰前，背倚秀奇群峰，面临碧澄海港，风景绝佳，始建于唐代，为闽南佛教胜地之一。游览国家4A级风景区"海上花园"——鼓浪屿(游览时间约120分钟)。鼓浪屿原名圆沙洲、圆洲仔，因海西南有海蚀洞受浪潮冲击，声如擂鼓，明朝据此雅化为今名，中外风格各异的建筑物在此地被完好地汇集、保留，有"万国建筑博览"之称，小岛还是音乐的沃土，人才辈出，钢琴拥有密度居全国之冠，又得美名"钢琴之岛""音乐之乡"。游览鼓浪屿第一胜景——日光岩(门票+缆车费用自理，游览约60分钟)，日光岩俗称岩仔山，别名晃岩，相传1641年，郑成功来到晃岩，看到这里的景色胜过日本的日光山，便把"晃"字拆开，称之为"日光岩"。日光岩游览区由日光岩和琴园两个部分组成。日光岩耸峙于鼓浪屿中部偏南，日光岩由两块巨石一竖一横相倚而立而成，是龙头山的顶峰，海拔92.7米，为鼓浪屿最高峰。参观民族英雄郑成功纪念馆。乘缆车前往百鸟园。参观林巧稚纪念园——毓园，毓园占地5700平方米，为纪念鼓浪屿的优秀女儿、人民医学家林巧稚大夫，厦门市政府于1984年5月修建此园。游览怀旧鼓浪屿(费用自理)、海天堂构(费用自费)，这里是在原海天堂构老别墅基础上历时一年多，耗资1000多万元重新改造成的鼓浪屿上最时尚精致的老别墅文化旅游新景点。可乘坐游船海上游金门(费用自理，游览时间约90分钟，请务必携带第二代身份证)。观赏摩闽南茶文化表演(停留时间约50分钟)，游厦门环岛路珍珠湾(游览时间约20分钟)，参观台福金门菜刀店(停留时间约50分钟)后，入住酒店

续表

日　期	行程安排
第四天	早上厦门乘车赴著名的革命老区、烤烟之乡——永定(车程约230千米，行车时间约180分钟)，参观土楼民俗文化村(游览时间约120分钟)。永定土楼，位于中国东南沿海的福建省龙岩市，是世界上独一无二的神奇的山区民居建筑，是我国古建筑的一朵"奇葩"，历史悠久、风格独特、规模宏大、结构精巧，土楼分方形和圆形两种，龙岩地区共有著名的圆楼360座，著名的方楼4000多座。游览"最富丽堂皇的土楼王子"——振成楼、数百年的榕荫消夏、富丽堂皇的"府第式的方形土楼"——福裕楼、"最小的袖珍圆楼"——升楼、气势磅礴的"布达拉宫式的土楼"——奎聚楼等。从永定乘车返回厦门，结束愉快的福建之旅

2. 华南旅游区主要旅游景点简介

1) 鼓浪屿

鼓浪屿位于厦门岛西南隅，与厦门市隔海相望，与厦门岛只隔一条宽600米的鹭江，乘轮渡4.5分钟可达。

鼓浪屿原名圆沙洲，别名圆洲仔，明朝改称鼓浪屿。因岛西南方有一礁石，每当涨潮水涌，浪击礁石，其声似擂鼓，人们称"鼓浪石"，鼓浪屿因此而得名。鼓浪屿是一个让人挖掘记忆的地方。鼓浪屿是厦门最大的一个卫星岛，岛上岩石峥嵘、挺拔雄秀，因长年受海浪扑打，形成许多幽谷和峭崖，沙滩、礁石、峭壁、岩峰，相映成趣。鼓浪屿楼房鳞次栉比，掩映在热带、亚热带林木里，日光岩奇峰凸起、群鸥腾飞……组成一幅美丽的画卷。

岛上气候宜人、四季如春、无车马喧嚣、鸟语花香，素有"海上花园"之誉。主要观光景点有日光岩、菽庄花园、皓月园、毓园、环岛路、鼓浪石、博物馆、郑成功纪念馆、海底世界、天然海滨浴场和海天堂构等，融历史、人文和自然景观于一体，为国家级风景名胜区、福建"十佳"风景区之首、全国35个著名景点之一。随着厦门经济特区的腾飞，鼓浪屿各种旅游配套服务设施日臻完善，成为集观光、度假、旅游、购物、休闲、娱乐为一体的综合性的海岛风景文化旅游区。

2) 天涯海角

出三亚市沿海滨西行26千米，马岭山下便是"天涯海角"(见图3-3)奇景。游客至此，似乎到了天地之尽头。古时候交通闭塞，"鸟飞尚需半年程"的琼岛，人烟稀少，荒芜凄凉，是封建王朝流放"逆臣"之地。来到这里的人，来去无路，只能望海兴叹，故谓之"天涯海角"。宋朝名臣胡铨哀叹"区区万里天涯路，野草若烟正断魂"。唐代宰相杨炎用"一去一万里，千之千不还"的诗句倾吐了贬谪的际遇。这里记载着历史上贬官逆臣的悲剧人生，经历代文人墨客的题咏描绘，成为我国富有神奇色彩的著名游览胜地。

这里碧水蓝天一色、烟波浩瀚、帆影点点、椰林婆娑、奇石林立，刻有"天涯""海角""南天一柱"等巨石雄峙海滨，使整个景区如诗如画，美不胜收。"南天一柱"据说是清代宣统年间崖州知州范云梯所书。

图 3-3　天涯海角

(五)西南旅游区

西南旅游区包括云南省、贵州省、重庆市、四川省、广西壮族自治区、西藏自治区。

1. 西南旅游区常规旅游线路

西南旅游区常规旅游线路如表 3-14、表 3-15 所示。

表 3-14　九寨沟、黄龙、峨眉山、乐山大佛五日游

日　期	行程安排
第一天	早餐后，从成都出发，途经都江堰，沿紫坪铺库区而上，观赏"地震壁画"、映秀电厂遗址、老虎嘴(堰塞湖)，沿"震中"大峡谷观国道 213 遗址、受灾最严重的"一碗水村"、彻底关断桥、路中巨石、房中石遗址、被山石掩埋的村庄及被堰塞湖浸泡的房屋后到达汶川县城，乘车参观县医院、汽车站、红军桥、远观姜维城点将台。前往松潘县境内的素有人间瑶池美誉的黄龙风景区，景区黄龙沟的数千个钙化彩池形态各异、流光泛彩，长达 2500 米的钙化硫是世界之最。沿途主要景点有洗身洞、金沙铺地、盆景池、黄龙洞、黄龙寺、石塔镇海、五彩池、转花玉池等。游览时请量力而行(可自费乘索道上下)，一般游览时间在 4 小时左右，后乘车前往川主寺入住，晚餐后，参加走进藏家烤羊晚会，品尝烤羊、手抓肉、爽口的青稞酒和酥油茶(烤羊自费)
第二天	早餐后，换乘观光车前往九寨沟世界级自然遗产保护区。九寨沟是由翠海、叠瀑、彩林、烟云、雪峰以及奇异多彩的藏族风情景色组成的格调自然、风韵独具的"仙境"。九寨沟的景观主要分布在树正沟、日则沟、则查洼沟三条主沟内，景区内有最宽、最高、最雄伟壮观的三大瀑布：珍珠滩瀑布、诺日朗瀑布、熊猫海瀑布，还有 108 个高山湖泊及数十处流泉飞瀑等景观。最美、最奇特的是九寨沟的水，清冽透底、变幻无穷，可细细体味"黄山归来不看岳，九寨归来不看水"的意境。(此日不含午餐，请自带零食或自行前往九寨沟唯一的餐厅诺日朗餐厅用餐)约下午 17:30 出沟，晚餐后，可参加堪称九寨沟第五道风景线的独具特色的藏羌风情晚会

续表

日 期	行程安排
第三天	早餐后，乘车前往成都途中车观美丽的天然草甸牧场"甘海子"和川西"母亲河"岷江源，途中参观大唐林卡水晶店(约45分钟)、工艺品店(约45分钟)、黄龙仙山大药房(约45分钟)并可以在土特产展示中心免费品尝高原牦牛肉；经松潘、汶川，车观映秀地震遗址，沿震中大峡谷车观国道213遗址、受灾最严重的一碗水村、彻底关断桥、路中巨石、房中石等遗址；可再次了解地震知识、感受灾后重建的成果及热情；再次经过都江堰市成灌高速到达成都(约17点)，入住酒店
第四天	早餐后，前往乐山(车程约2小时)参观世界第一大佛——乐山大佛，游览著名的三江汇合之处，参观中国三大千年古刹之一的乐山凌云寺。登九曲古栈道瞻仰乐山大佛，体验"蜀道之难，难于上青天"的感觉，抱千年佛脚(游览时间约4小时)。并可参观乐山东方佛都(门票自费，参观约1小时)，乘车前往峨眉，途中可参观世界之最乌木博物馆(门票自费，参观时间1个小时)。之后到达酒店入住(晚上可自费观赏川剧变脸秀，时间为1小时30分)
第五天	早上乘坐观光车前往雷洞坪，体验峨眉山"一山有四季，十里不同天"自然景色。步行前往接引殿，乘索道前往金顶(自费往返)。朝拜48米高的十方普贤金像。返回至雷洞坪乘观光车至万年寺停车场。午餐后乘坐索道(客人自费单程索道)至皇家寺庙——万年寺(门票自费)，游览十景之一的"白水秋风"，参观镇山之宝——62吨的普贤骑象。下行经白龙洞前往峨眉山自然景观精华——清音阁，聆听峨眉山十大自然景观之首的"双桥清音"。游览全国最大的野生自然生态猴区(全程游览时间约8小时)。后经清音平湖下山返成都

表3-15 丽江、香格里拉(双飞)5天4晚游(玉龙雪山)

日 期	行程安排
第一天	自由游览金马碧鸡坊、南屏步行街、东风广场。晚乘飞机到丽江
第二天	早餐后，游览新华民族村——有世界文化遗产之称的丽江古城(欣赏小桥流水人家)、大研古镇四方街，街区民居多为"三坊一照壁，四合五天井"的传统布局，与之相映的是三条从玉龙山流下的清溪穿城而过，给古城带来勃勃生机。这些古朴典雅的古建筑，造型典雅古朴，雕刻和绘画技法高超，美不胜收。观赏人类音乐活化石纳西古乐(自费)
第三天	早餐后，乘车前往藏语意为"吉祥如意的地方"香格里拉，途中游世界最深的峡谷之——虎跳峡，虎跳峡又称"金沙劈流"，位于玉龙雪山与哈巴雪山之间，金沙江穿峡而过，眺望长江第一湾。晚可自费到藏民家访(品尝酥油茶、青稞酒、糌粑、酸奶)
第四天	游览普达措国家公园，园中有碧塔海、属都湖、霞给民族村，可到藏民家访(费用自理)，晚乘车赴丽江
第五天	早餐后，游览玉龙雪山风景区(包进山费，不含云杉坪索道、环保车费)，自费乘索道观玉龙雪山，游览甘海子牧场、白水河，游览山水相连、碧波荡漾、被美誉为"小九寨"的璀璨明珠的自然生态大峡谷"蓝月谷"(不含景区电瓶车费用)。晚乘飞机返回昆明

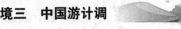

2. 西南旅游区常规旅游景点

1) 乐山大佛

乐山大佛，位于四川省乐山市南岷江东岸凌云寺侧，濒大渡河、青衣江和岷江三江汇流处(见图 3-4)。大佛为弥勒佛坐像，通高 71 米，是我国现存最大的一尊摩崖石刻造像。大佛开凿于唐代开元元年(713 年)，完成于贞元十九年(803 年)，历时约 90 年。大佛两侧断崖和登山道上，有许多石龛造像，多是盛唐作品。凌云寺右灵宝峰上，现存一座砖塔，塔高13 层，造型与西安小雁塔相似。寺左江中有一孤峰卓立，名乌尤，即秦所凿乐山离堆，上有唐创建的乌尤寺，以及相传汉郭舍人注《尔雅》处。

图 3-4　乐山大佛

2) 九寨沟

九寨沟位于四川省阿坝藏族羌族自治州九寨沟县漳扎镇，是白水沟上游白河的支沟，以有九个藏族村寨(又称何药九寨)而得名。九寨沟海拔在 2000 米以上，遍布原始森林，沟内分布 108 个湖泊，有"童话世界"之誉。九寨沟为国家重点风景名胜区，并被列入世界自然遗产名录，如图 3-5 所示。

图 3-5　九寨沟

"九寨归来不看水"，水是九寨沟的精灵。湖、泉、瀑、滩连缀一体，飞动与静谧结合，刚烈与温柔相济。泉水、瀑布、河流、河滩将 108 个海子连缀一体，碧蓝澄澈、千颜万色、多姿多彩、异常洁净，能见度高达 20 米。以翠海(高山湖泊)、叠瀑、彩林、雪山、藏情、蓝冰"六绝"驰名中外，有"黄山归来不看岳，九寨归来不看水"和"世界水景之王"之美誉。

3) 丽江古城

丽江古城，又名大研镇，位于中国西南部云南省的丽江市，坐落在丽江坝中部，与同为第二批国家历史文化名城的四川阆中、山西平遥、安徽歙县并称为"保存最为完好的四大古城"，它是中国历史文化名城中两个没有城墙的古城之一(见图 3-6)。丽江古城始建于宋末元初(公元 13 世纪后期)。古城地处云贵高原，海拔 2400 余米，全城面积达 3.8 平方千米，自古就是远近闻名的集市和重镇。古城现有居民 6200 多户，25000 余人。其中，纳西族占总人口绝大多数，有30%的居民仍在从事以铜银器制作、皮毛皮革、纺织、酿造业为主的传统手工业和商业活动。

图 3-6　丽江古城

4) 普达措国家公园

普达措国家公园，位于云南省迪庆藏族自治州香格里拉县东 22 千米处，公园的大门设在"香格里拉第一村"霞给村的村头。"普达措"在藏语中意为普渡众生到达理想彼岸的舟湖(见图 3-7)。

图 3-7　普达措

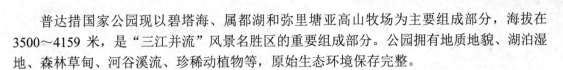

普达措国家公园现以碧塔海、属都湖和弥里塘亚高山牧场为主要组成部分，海拔在3500～4159 米，是"三江并流"风景名胜区的重要组成部分。公园拥有地质地貌、湖泊湿地、森林草甸、河谷溪流、珍稀动植物等，原始生态环境保存完整。

(六)西北旅游区

西北旅游区包括陕西省、甘肃省、内蒙古自治区、宁夏回族自治区、新疆维吾尔自治区、青海省。

1. 西北旅游区常规旅游线路举例

西北旅游区常规线路如表 3-16、表 3-17 所示。

表 3-16 南疆民俗风情 6 日游

日 期	行程安排
第一天	飞往举世闻名的歌舞之乡、瓜果之乡、黄金玉石之邦新疆维吾尔自治区首府乌鲁木齐，抵达后，在市区自由活动
第二天	早餐后，乘车前往国家重点风景名胜区——天山天池(费用自理，游览约 2.5～3 小时)，抵达后乘缆车或区间车进入景区，游览以高山、湖泊为中心的景色，欣赏雪峰倒影、云杉环拥、碧水似镜的自然风光，在西王母与周穆王的动人传说中领略人间仙境般的瑶池胜景，景区内可乘船(费用自理)体验天池近景，参观野生植物馆(约 40 分钟)。返乌市，参观"一生缘"玉器店(约 40 分钟)，后赴有中亚风情缩影之称的二道桥国际大巴扎(约 1 小时)，体验浓郁独特的民族风情，晚上乘飞机赴喀什
第三天	早餐后，乘车参观达瓦昆沙漠，感受沙漠与湖泊的自然和谐相处，自由参观喀什夜市
第四天	早上乘车参观全国规模最大、等级最高的艾提尕尔清真寺(游览时间约 50 分钟)，寺内杨树参天、浓荫蔽日，您不仅可感受到一份惬意，更可了解那浓厚的伊斯兰文化。后进入在国内享有盛誉的香妃墓(游览时间约 1 小时)，拜访这位倾国美女，看一部曾经辉煌的家族兴衰史。之后，参观维吾尔族手工艺人街(约 1.5 小时)。在喀什保护完好的喀什噶尔老城区(游览时间约 1 小时)里体验独特的、古老的维吾尔民俗风情。让大家最尽兴的就是去已有千年历史的大巴扎，选购自己心爱的物品做纪念。参观艺博园(游览时间约 40 分钟)。晚餐后，返回乌鲁木齐
第五天	早餐后，乘车经"白水涧道"赴"火洲"吐鲁番，沿途免费参观亚洲最大的风力发电站。在发电站停车拍照(10 分钟左右)。后途经柴湖、盐湖，到达达坂城古镇参观。抵达吐鲁番后参观具有两千多年历史的交河故城及重现西域古老文化的维吾尔族古村，参观中国唯一的地下水利工程生命之泉——坎儿井。午餐后，前往以种植数百种葡萄而闻名世界的葡萄沟，参加维吾尔民族家访，品尝瓜果，游览西游记中描述的八百里火焰山，下午乘车返回乌鲁木齐
第六天	早餐后，市内自由活动，机场乘航班(航班号及航班时间待定)，结束愉快旅程

表 3-17　青海、兰州、嘉峪关、敦煌 6 日游

日　期	行程安排
第一天	参观藏传佛教格鲁派(黄教)创始人宗喀巴的诞生地塔尔寺,欣赏艺术三绝:酥油花、壁画、堆绣,后返回西宁入住酒店休息
第二天	早餐后,统一地点集合,经海藏咽喉——湟源峡谷,翻越黄土高原与青藏高原、青海省农业区与牧业区,汉文化与藏文化的分界线——文成公主赴藏摔镜之地日月山(费用自理),经过"天下河水皆东流,唯有此溪向西流"的倒淌河欣赏自然风光,后抵达中国最大、最美的内陆咸水湖——青海湖(不含游船、观光车费,游览时间约 1.5 小时)。这里的蓝天、白云、草场与湖让人沉醉留恋
第三天	早餐后赴兰州,参观位于兰州市黄河北岸的白塔山公园,之后前往黄河第一桥,到黄河母亲塑像前留影纪念。参观"宇拓宫"(主售藏药)或者"陇翠堂"(主售特产)(参观时间 40 分钟),后乘火车赴嘉峪关
第四天	早上接火车后参观万里长城西端的起点——天下雄关嘉峪关城楼(游览时间约 2 小时),嘉峪关城楼是举世闻名的万里长城西端的险要关隘,也是长城保存最完整的一座雄关。参观"百草堂"(主售药材)(30~40 分钟)后乘车赴敦煌,晚上可自由参观敦煌市沙州夜市
第五天	早餐后,乘车前往世界级东方文化艺术宝库,建筑规模之大、壁画数量之多、塑像造型之美、保存之完整享誉海内外的莫高窟(游览时间约 2.5 小时)。之后乘车前往千百年不为流沙而淹没、不因干旱而枯竭、集天地之韵律、显造化之神奇、令人神醉情驰的月牙泉、鸣沙山(游览时间约 3 小时)
第六天	早餐后,乘车赴玉门关(往返 350 千米)。玉门关(游览时间约 1 小时)是丝绸之路通往西域北道的咽喉要隘,俗名"小方盘城"。途经敦煌影视城,远观隐形睡佛。之后乘车赴《英雄》拍摄地——雅丹魔鬼城

2. 西南旅游区常规旅游景点

1) 敦煌莫高窟

敦煌莫高窟是指甘肃省敦煌市境内的莫高窟,也是西千佛洞的总称,我国著名的四大石窟之一,世界上现存规模最宏大、保存最完好的佛教艺术宝库。它坐落在河西走廊西端,以精美的壁画和塑像闻名于世。莫高窟始建于十六国的前秦时期,历经十六国、北朝、隋朝、唐朝、五代、西夏、元代等历代的兴建,形成巨大的规模,现有洞窟 735 个、壁画 4.5万平方米、泥质彩塑 2415 尊,是世界上现存规模最大、内容最丰富的佛教艺术圣地。它南北长约 1600 多米,上下排列五层,高低错落有致、鳞次栉比,形如蜂房鸽舍,壮观异常。它是我国现存规模最大、保存最完好、内容最丰富的古典文化艺术宝库,也是举世闻名的佛教艺术中心。

2) 嘉峪关

嘉峪关位于甘肃省嘉峪关市向西 5 千米处,是明长城西端的第一重关,也是古代"丝绸之路"的交通要冲,是明代万里长城西端起点,始建于明洪武五年(公元 1372 年),先后经过 168 年时间的修建,成为万里长城沿线最为壮观的关城。

嘉峪关由内城、外城、城壕三道防线形成重叠并守之势,壁垒森严,与长城连为一体,

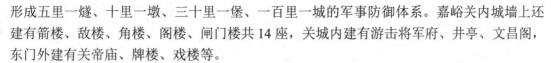

形成五里一燧、十里一墩、三十里一堡、一百里一城的军事防御体系。嘉峪关内城墙上还建有箭楼、敌楼、角楼、阁楼、闸门楼共 14 座，关城内建有游击将军府、井亭、文昌阁，东门外建有关帝庙、牌楼、戏楼等。

3）塔尔寺

塔尔寺位于青海省西宁市西南 25 千米处的湟中县城鲁沙尔镇。塔尔寺又名塔儿寺。得名于大金瓦寺内为纪念黄教创始人宗喀巴而建的大银塔，藏语称为"衮本贤巴林"，意思是"十万狮子吼佛像的弥勒寺"。酥油花、壁画和堆绣被誉为"塔尔寺艺术三绝"，另外，寺内还珍藏了许多佛教典籍和历史、文学、哲学、医药、立法等方面的学术专著。

4）玉门关

玉门关，俗称小方盘城，位于甘肃省敦煌市西北 90 千米处，始置于汉武帝开通西域道路、设置河西四郡之时，因西域输入玉石时取道于此而得名。汉时为通往西域各地的门户，故址在今甘肃省敦煌市西北小方盘城。元鼎或元封中(公元前 116 至公元前 105 年)修筑酒泉至玉门间的长城，玉门关随之设立。据《汉书·地理志》所载，玉门关与另一重要关隘阳关，均位于敦煌郡龙勒县境，皆为都尉治所，为重要的屯兵之地。当时中原与西域交通无不取道两关，它曾是汉代时期重要的军事关隘和丝绸之路交通要道。提起玉门关首先要讲到张骞出使西域的一段历史，丝绸之路开通后，东西方文化、贸易交流日渐繁荣，为确保丝绸之路安全与畅通。在公元前 121 至前 107 年，汉武帝下令修建了"两关"，即"阳关""玉门关"。

5）天山天池

天池处于天山东段最高峰博格达峰的山腰，平面海拔 1928 米，天池古称"瑶池"，地处天山博格达峰北侧，阜康市南偏东 40 余千米，距乌鲁木齐市 110 千米。"天池"一名来自乾隆四十八年(公元 1783 年)乌鲁木齐都统明亮的题《灵山天池统凿水渠碑记》。天山天池风景区以天池为中心，包括天池上下 4 个完整的山地垂直自然景观带，总面积 380.69 平方千米。天池湖面呈半月形，长 3400 米，最宽处约 1500 米，面积 4.9 平方千米，最深处约 105 米。湖水清澈，晶莹如玉。四周群山环抱、绿草如茵、野花似锦，有"天山明珠"盛誉。挺拔、苍翠的云杉、塔松，漫山遍岭，遮天蔽日。天池自然保护区可分为"大天池北坡游览区""大天池游览区""十万罗汉涅槃木山游览区""娘娘庙游览区"和"博格达峰北坡游览区"，每区八景，五区共有四十景。

6）艾提尕尔清真寺

艾提尕尔清真寺始建于 1442 年，是全疆乃至全国最大的一座伊斯兰教礼拜寺，在国内外宗教界均具有一定影响，为自治区重点文物保护单位。其占地 25.22 亩，坐落在喀什市中心艾提尕广场西侧。这是一个有着浓郁民族风格和宗教色彩的伊斯兰教古建筑群，坐西朝东，由寺门塔楼、庭园、经堂和礼拜殿四大部分组成。艾提尕大清真寺不仅是新疆地区宗教活动的重要场所，在古代还是传播伊斯兰文化和培养人才的重要学府。

工学结合

请将国内六大旅游区的主要旅游景点介绍进行总结和归纳。

小　　结

作为合格的计调人员在安排中国内地游、设计线路之前，首先要对中国的旅游资源有所了解，本子情境主要是对中国六大旅游区域旅游资源进行简单的介绍。

子情境三　专线组团计调操作流程

一、下达任务

主题："夕阳红"——给父母的礼物

背景资料：随着"重阳节"的到来，子女都想为父母做些什么，让父母出去旅游作为一份可以愉悦身心的礼物，现在越来越受到欢迎，请小组设计两条"夕阳红"线路。

要求：大交通采用火车的方式，行程安排时间不宜过长，以一个星期至十天为宜。

总体要求：本次情境安排的任务面向的都属于特殊人群，在进行计调工作时，除了设计线路、安排食宿等活动外，请小组思考还应该考虑哪些问题、采取哪些应急预案。

(1) 熟悉每日同行业线路价格，掌握最低价格，了解价格区别。

(2) 接听电话时，语气客气委婉，接到电话必须说：您好，××旅行社，我是计调××(姓名)，很高兴为您服务。接听电话时，一定要音质甜美、音速适中、语言委婉流畅，让客户感到放心、舒服。接听业务咨询电话，一定要记住对方旅行社的名称、业务联系人、电话、线路要求(人数、线路景点、住宿标准、用车情况、返程情况、大概出发时间)，最好留下对方的直接联系方式，如手机号码。

(3) 报价时，一定要迅速、准确，5 分钟之内将报价给对方。

(4) 如果发传真件，在传真给对方发过去 5 分钟之后打电话问询对方是否收到传真件，并询问对方所收到的传真是否符合要求。

(5) 如果传真准确无误，和对方业务人沟通团队的情况，要了解团队大概的出发日期、人数，做到心中有数，尽量通过和对方沟通尽快把旅游团报价确定下来。

(6) 如果团队确定下来，要和对方确认合同(确认件)、约定结账方式，并在传真确认件上注明清楚。如果团队没有及时定下来，要及时跟单，并在上面注明每次跟单的情况，做到心中有数。

(7) 团队定下来以后，在传真件上注明需要特殊注意事宜，以及所要求导游性别、性格。

(8) 按照传真件上约定的情况及时催收团款。

(9) 在团队的游览过程中，要多和带团导游联系，知道团队的进度情况，尽量做到问题早发现、早解决，团队出发前确保所有事宜都已做好。

(10) 团队返回目的地后，及时打服务跟踪电话，做到团队满意，团队心中有数，总结以后操作中应该注意的事，并将意见及时转发给业务操作计调。

(11) 操作完团队之后，将业务联系人的资料整理、备档，并在特殊时间致电问候。必须在团队结束三日内(含下团当日)将结算单传真到组团社，并确认对方收到。

二、填写任务单

任务单如表 3-18 所示。

表 3-18　任务单

小组成员：		指导教师：
任务名称：	模拟地点：	
任务描述	对老年旅游夕阳红专线进行线路设计和调度	
任务资讯重点	主要考查学生对专线旅游产品的设计和调度能力，同时考查应急预案的制订	
小组成果展示		

三、任务整体评价考核点

(1) 专线组团计调的工作内容和操作流程。

(2) 对一些特殊人群，在进行团队操作时要考虑的问题及处理预案。

四、相关知识点

专线组团计调是专门负责某一线路、某一群体或某一项目的计调人员。作为一名合格的专线组团计调，首先，必须要熟悉自己所负责专线的航班、航空公司情况，有时一家旅行社在大交通上所取得的优势能够让旅行社在最短时间内获得丰厚利润。其次，要了解自己所负责的专线市场情况，了解地接社能力、信誉，以及资金信用情况。最后，了解自己专线的时间和季节变化情况下的团队力量，能合理安排时间进行系统销售，通过走访了解自己专线客户需求和市场潜力。

 工学结合

龙广海南自驾游

背景资料：黑龙江××电台计划于 2023 年 12 月 20 日至 2024 年 1 月 20 日举办"龙广海南行"自驾游活动，请贵社为其设计从黑龙江省出发至海南省的路线图。

要求：

(1) 本次活动是自驾游，设计线路和安排住宿时要考虑到车队的方便。

(2) 本次活动跨越南北两地，线路设计时应能够体现出自驾游的方便性，设计线路时，请注明行车所走高速公路名称。

(3) 自驾游期间会经历两次大的节日，请做好节目策划活动。

(4) 去程和返程线路要不同(所走的省份)。

(5) 本次活动共计 300 人参加，车队由 100 辆家用车组成，请安排好停车用地和途中的住宿。

<h1 style="text-align:center">小　　结</h1>

本子情境主要介绍专线组团计调的操作流程和注意事项，在完成本子情境的学习后，学生能够进行某一专线的线路设计和操作。

子情境四　接待计调操作流程

一、下达任务

背景资料：由香港大学、香港理工大学、香港中文大学联合内地知名大学举办的"香港青年游大陆"研学活动。

要求：

(1) 设计的游览线路主要围绕内地名牌大学所在城市，主要安排其参观体现中国文明的古迹，并请专业导游给予讲解。

(2) 本次活动共计 100 名学生，分为三个小分队进行活动，他们所游览的线路可以相同，但安排在不同时间，请做好相应的食宿和游览、参观活动安排。

二、填写任务单

任务单如表 3-19 所示。

表 3-19　任务单

小组成员：		指导教师：
项目名称：	模拟地点：	
工作岗位分工：		
工作场景：		
教学辅助设施	模拟旅行社真实工作环境，配合相关教具	
项目描述	通过对中国内地游的操作，引导学生针对中国内地主要旅游资源设计线路，由学生完成以下主要环节工作：线路设计、报价、销售、计划调度、总结汇总等	
项目资讯重点	主要考查学生对线路产品本身的了解、计调业务的熟悉程度	

续表

项目能力 分解目标	要求学生将知识和技能运用到本次旅游活动的各个环节，完成： 特色线路设计； 根据客人的具体情况落实相应计调工作； 根据老师所给计调流程进行相应程序的操作(以情景模拟的形式进行)
小组实施 过程记录	

三、任务整体评价考核点

(1) 学生对自己设计的线路了解程度。

(2) 按不同方式给出报价。

(3) 根据客户要求落实地接社计调工作。

四、相关知识点

地接社接受组团社委托后，由地接社计调安排在本地活动的行程，主要进行地接报价和接待工作。

(一)地接报价方式

1. 分项报价

分项报价是应旅游客源市场需要而产生的一种报价方式，随着旅游者素质的提高和旅游经验的丰富，人们已经不满足于全包价的旅游收费方式，更喜欢灵活的收费方式。地接社将旅游行程中的收费项目详细列出，分项进行收费，透明度高，便于组团社和旅游消费者了解费用的组成和价格，消费者可根据自己的需要，自由选择消费内容和档次，以更好地维护自身利益。

分项报价包括以下收费内容：一日三餐的收费及特色风味餐费用、住宿费用、大交通费(汽车、轮船、飞机、火车)、景点第一门票及娱乐项目费、导游服务费、旅行社责任保险以及其他费用等。

在进行分项报价时，计调人员应注意以下几点。

(1) 餐费。注明一日三餐的标准和次数，若有特色风味餐，应注明价格。如果客人要提高用餐标准,应提前告知补差价。

(2) 住宿费。注明出行期间每晚住宿酒店的名称、星级标准和价格,如酒店不含早餐,应提前告知。有些景点如果住民宿,应提前告诉组团社和旅游者。

(3) 大交通费。如乘坐旅游大巴,注明旅游大巴座位数和费用,并按照出团人数计算出每个人的价格。

(4) 景点门票。一般来说,旅游团的景点门票主要指景点第一门票,里面的分项收费由旅游者自行负责,但要在报价中有所体现。在报给组团社时,最好注明每个景点的价格和季节差价。

(5) 导游服务费。有两种计算方式:一种是算出每人每天的价格乘以总天数;另一种是按照整团的价格进行计算。

(6) 其他费用。客户需要提供会议室、翻译等特殊要求时的收费。

2. 总体报价

总体报价是将所有分项旅游产品的价格加上旅行社利润后形成的价格,包括餐费、住宿费、大交通费、市内交通费、景点门票、导游服务费以及合理的利润等费用。

(二)组织接待

地接社计调在向组团社计调发出报价后,接下来要做的工作就是负责组织在当地旅游的接待工作。

1. 确认旅游接待计划

旅游接待计划是地接旅行社和组团旅行社之间合作的基础和处理旅游纠纷与矛盾的法律依据。旅游接待计划关乎双方共同的经济利益和社会利益,双方必须基于旅游计划进行友好合作才能获得相应的经济回报。

当地接社将旅游接待计划发送给组团社,双方就行程安排和报价达到一致后,就进入了旅游接待计划的确认阶段。

确认接待计划主要通过传真、E-mail、QQ、微信、钉钉等方式进行,双方需要盖章确认,并以传真方式发给对方旅行社。这样,组团社才可以放心发团,地接社才可以放心接团。

2. 做好接待旅游团准备

地接计调在确认旅游接待计划后,接下来需要马上做的就是,按照接待计划的内容进行采购和安排,当团队来到本地后做好接待准备。

(1) 用餐。根据团队人数、用餐要求、用餐次数等内容,以传真或电话方式通知协议餐厅,发送"用餐计划单",一式三份,旅行社、导游、餐厅各一份。如有变更,应提前告知餐厅,并以传真方式向餐厅做出"用餐更改单",并要求对方给予书面确认。

(2) 用房。根据团队人数、要求,以传真方式向指定酒店或协议酒店发出订房计划并要求给予书面回复。遇到人数变更,及时做出更改。对方有全陪或领队时,在订房计划上应标注。如遇到酒店无法接待时,应及时告知组团社,经同意后调整至同级酒店(一般在旅游接待计划中会备注两个酒店以供参考)。

(3) 用车。根据人数和要求派车，以传真方式发送"用车计划单"，并要求对方给予书面回复，如有变更，及时做出变更通知。一般来讲中国内地游客为一人一座，境外游客会要求一人两座，视游客要求来确定用车大小。

3. 制订团队运行计划表

地接计调对于已经确认的接待计划，应根据组团社和旅游者的要求，有针对性地制订团队运行计划表，包括团队基本情况、日程安排、编制预算、跟踪团队四个部分。

(1) 团队基本情况：旅游团队名称、团号、组团社名称；团队人数、团员姓名、性别、年龄、身份证号、工作性质等个人信息；团队服务等级(豪华、标准、经济)；用餐和住宿要求；对地陪导游的要求；全陪或领队信息(性别、联系方式、语种等个人信息)；其他特殊要求。

(2) 旅游日程安排：游览时间和日期；出发、中转和离开城市；团队抵离时间、班次和机场名称；住宿、用餐、用车、游览安排；其他特殊要求。

(3) 编制预算。编制旅游团队的"预算单"，注明组团社或旅游者现付费用、用途、余款给付时间，交由主管经理审核后报给财务部门审核。

(4) 跟踪团队。在旅游团来到本地旅游过程中，地接社计调要随时与导游保持联系，时刻了解旅游团动向，及时处理团队运行中出现的问题，在旅游团用餐时前去探望，以示重视。

当一名合格、称职的接待计调，首先要储备一批很棒的专职导游员。好导游能帮计调减轻压力，减少和缓解矛盾，增加边际效应和团队利润。为制订好工作计划，确保团队操作的得心应手。接待计调的日常工作包括以下几点。

(1) 建立房源档案(国内主要以三星、二星级酒店为主，适当寻找一些有特色或特价的四星、五星级酒店；入境团队偏重四星、五星级高档次酒店)。

(2) 建立车队档案(以享有客运行驶、省际交通营运资质的大中型车队为主，辅以私人车队)。

(3) 建立景区档案(以本地区常规景点为主，周边景区为辅)。

(4) 建立团餐档案(国内接待以低价团餐为主，入境团队以特色风味团餐为主)。

(5) 建立购物店档案(分地区归类，分客源归档，以实用易销产品为主，注意购物店信誉)。

(6) 建立交通档案(主要以飞机票和火车票为主，适当收集一些具有票务优势的专业人员信息，以备急用)。

(7) 建立导游档案(主要以专职导游为主，适当找一些兼职导游以备急用)。

(8) 建立协作档案(主要以周边城市和地区的协作旅行社为主，选取标准是质量好、价格低并能调配资金流动)。

(9) 建立保险资料档案(主要以国内各大保险公司、保险险种、保险范围为主)。

(10) 建立客户档案(包括客户基本信息和客户评估)。

旅行社客户管理

工学结合

张家界奇山异水双飞四日游(人数：18人+1全陪)

(1) 行程。

第一天：乘 CZ6335 次航班飞往张家界，入住酒店。

第二天：早餐后，茅岩河漂流，及游览人间瑶池宝峰湖(费用自理)。

第三天：早餐后，游张家界森林公园、黄石寨、六奇阁、南天一柱、天书宝匣、金鞭溪、千里相会、水绕四门。

第四天：早餐后，游天子山、贺龙公园、天台、仙女散花、玉笔峰、十里画廊、黄龙洞、百丈峡，晚餐后乘 CZ6336 次航班(20:40—23:50)返程。

(2) 服务标准。

交通：往返飞机，小交通为国产旅游车(机票：1320 元/人，车费：52 元/人)。

住宿：二星或同级双标准，250 元/人。

导游服务：全程优秀导游服务，20 元/人。

用餐：正餐八菜一汤，35 元/(人·天)。

门票：行程内第一景点门票(含天门山往返索道)(漂流82 元+天子山160 元+黄龙洞61 元)。

保险：旅游保险及旅行社责任险，20 元/人。

附：每人利润，200 元/人；旅游帽，5 元/人。

根据以上行程算出组团报价(每个人的收费及总团费)。

 案例分析

误机，谁的错

案情：

某旅游团通知，乘 8 月 30 日 1301 次班机于 14:05 离开沪飞往广州，9 月 1 日早晨离开广州飞往香港。8 月 26 日有关人员在预订机票时，发现该航班已满员，便改订了同日 3102 次班机的票，12:05 起飞。订票人当即在订票单上注明"注意航班变化，12:05 起飞"，并将订票单附在通知单上送到计调部门。但计调部门工作人员并没有注意到航班的变化，仍按原通知中的航班起飞时间安排活动日程，并预订了起飞当日的午饭。日程表送达内勤人员后，内勤人员也没有核对把关，错误地认为导游员应该知道航班的变化。因此，内勤人员只通知了行李员航班变化的时间，而没有通知导游员。8 月 30 日上午 9:00，行李员发现导游员留言条上写的时间与他的任务单上的时间不符，提醒了导游员，但没有引起导游员的注意。结果造成了误机的重大责任事故。

点评：

(1) 导游员违背《接待工作规程》的规定，既没有看到注明"注意航班起飞的准确时间变化"的通知，也未看所订机票的起飞时间，更没有认真核实飞机起飞时间，所以对造成这次误机事故负有重要责任。

(2) 在这次事故中，导游员之所以负有重要责任而不是全部责任，是因为旅行社计调部门也有过错，也应负一定的责任。按照我国法律的规定，旅行社在支付了因其导游的行为造成的受害者的损失后，有权在内部向有过错的导游人员进行追偿。

（3）误机（车、船）事故发生后，旅游者不能按计划离开本地，游客的不满和沮丧是可想而知的，旅行社必然招致游客的抱怨和指责。同时，误机事故也会给旅行社带来大量的工作和经济损失。旅行社管理人员必须采取各种必要的补救措施，妥善安排游客在本地滞留期间的生活和活动，力争缓解他们的不满情绪，使不利影响减少到最低限度。旅行社经营管理人员在处理误机（车、船）事故时，第一，应立即设法与机场（车站、码头）联系，争取安排游客乘最早班次的交通工具离开，如果无法获得当天其他航班（车次、船次）的交通票据，可设法购买最近期的飞机票，使游客尽快赶赴旅游计划中的下一站。第二，如果正值旅游旺季，旅行社无法购买到近期正常航班的机票，可采取包机或改乘其他交通工具的方式，使游客能够尽快前往下一站。第三，游客无法离开本地时，必须稳定游客的情绪，妥善安排他们在当地滞留期间的食宿、游览等事宜。同时，游客离开后，要认真清查造成事故的原因和责任承担者，并处理善后事宜，实事求是地认真总结经验教训，避免类似事件的发生。

（4）严格制度管理，规范运作。旅行社计调部的工作是一项组织复杂而细致的工作，接待一个团队，通常在几天之内，由几个城市的几家旅行社及几十家提供用餐、住宿、交通、游览、购物、娱乐服务的企业，按预定的程序提供相应的服务才能完成。它需要计调部及各地接待社进行复杂而细致的组织、调度，需要各部门按时、保质、保量地提供相关服务。同时，还要有全陪和地陪的现场联络和安排。在实际操作过程中，还常常会因为主客观原因，发生预想不到的变化（如本案例中的误机等）而打乱行程，甚至造成人身、财物损失等较大的事故。所以，旅行社要认真做好组织接待服务工作，制定科学、严密的管理制度和信息传递的工作程序，以及发生事故的应变处理方法。

（资料来源：wenku.baidu.com.2219e8691eb91a37f1115c64.html）

 **案例分析**

计划安排不周，影响游客利益

案情：

6月，西安的导游员赵小姐接待一个住××饭店的旅游团。该团原计划在西安的活动为：第一天下午看城墙、大雁塔、小雁塔；第二天去乾陵、昭陵、华清池；第三天上午参观兵马俑，下午乘飞机去桂林。第二天晚上11:00，赵小姐突然接到全陪打来的电话，说该团次日去桂林的飞机改变了航班，起飞时间改在第三天上午7:00多钟。赵小姐得此消息后非常焦急，因为航班一改，将牵扯到游览、用餐、行李、送机和通知游客等一系列问题。而那时大部分游客已经入睡，司机也早回家了。这情况究竟该如何处理呢？她马上与旅行社联系，旅行社告知情况属实，并让她到社里取机票。赵小姐质问内勤人员为什么不及早通知她。内勤人员说，已经通过BP机传呼过她，也给她的手机打过电话，但没联系上。赵小姐没有继续与其争辩，忙请他帮助联系第二天的旅游车、行李车、退餐等事宜，又请全陪通知客人第二天早晨出运行李和出发的时间，在与饭店联系有关早餐、出运行李、退房等事宜后，又赶去旅行社取机票，夜里12:00多才赶回饭店。那时，旅游团的随员和全陪正在等着她，等一切都落实后已经是凌晨1:00了。

第三天凌晨5:00，该团就由饭店出发赶往临潼机场。赵小姐见大家的脸色都很难看，忙向大家解释改航班的原因：“由于最近去桂林的航班很紧张，据天气预报讲，桂林今天要下雨，大家在那里也只停留一天，旅行社为了你们以后的日程，所以想尽办法为大家订购到咱们团去桂林的飞机票，昨天晚上临时通知了大家，还请诸位多多见谅。至于大家没有看到兵马俑，确实很遗憾，这属于我们安排上的失误。我会向旅行社反映，让他们将以后的日程安排得更合理些。不过兵马俑博物馆最近正在维修，只开放小部分俑坑，况且，今天西安要下大雨，即使今天不改航班，我们也准备更改一下游览线路。不管怎样，对今天的事我都要向大家道歉。"大家听完赵小姐的解释并没有发火，他们仍对赵小姐这两天的导游和服务表示非常满意，鼓了掌，并对旅行社的安排表示理解。然而，赵小姐心里仍不是滋味，心想：万一天气预报不准，游客到桂林后晴空万里，而西安又没有下雨，兵马俑博物馆也只是进行小规模维修的话，岂不是要怀疑我欺骗他们吗？在从机场回来的路上，西安下起了大雨，此时桂林也正在下大雨。虽然游客不会怀疑她欺骗他们，但赵小姐的心情仍和雨天一样阴沉，始终因客人们没能参观兵马俑而感到不安。

点评：

导游员在接待过程中要随时与旅行社和全陪保持联系，为下一步日程安排做好准备，以免在实际工作中处于被动。准备的内容包括：了解和确认游览项目、游客用餐、航班时间、办理离开饭店和去机场的有关事宜等。如计划安排游客第二天走，最好提前一天去取机票。本例中的赵小姐只是在听到全陪的电话后，才得知航班改变的情况，如事先自己亲自到旅行社去取机票，即使没有得到通知，也能及早地了解情况，争取主动。

旅行社内勤值班人员在安排计划和准备工作方面起到关键性的作用。没有内勤人员的协助和配合，工作在第一线的导游，就不可能顺利地完成任务。因此，内勤人员一定要精心安排好计划中的每一个环节，遇到计划变更的情况要及时通知导游，并为其安排好所有的辅助措施。本例中的内勤，虽然通过 BP 机和手机联络了导游，但在得不到回音后并没有进一步联系，致使该团的接待工作出现了麻烦。如果他进一步与导游要去的饭店联系或留言，一定能将航班时间变更的消息及早通知到导游，为她赢得准备时间及与客人沟通解释的时间。因此，在这个案例中，计调部内勤人员没有及早采用多种渠道通知地陪赵小姐，造成了赵小姐工作的被动，是本案例的焦点，此外，赵小姐的解释工作应该在客人上车之后，否则客人会拒绝上车，在这个案例中，游客虽未做出异常反应，但这只能说这批客人实在是太好了！或者说是地陪赵小姐前两天的工作做得很好，客人谅解了她。

至于行程安排问题，原计划第三天上午去临潼参观兵马俑博物馆，下午送机场，刚好方便，并没有错。

小　　结

本子情境主要介绍接待计调的操作流程和注意事项。在完成本子情境的学习后，学生能够进行国内接待计调产品设计和流程操作。

子情境五　港澳台游计调业务操作流程

一、下达任务

任务 1 如表 3-20 所示

表 3-20 台湾八日风情游

小组成员：		指导教师：
项目名称：	模拟地点：	
工作岗位分工：		
工作场景： 1. 为拓展业务，贵社现设计台湾风情游线路； 2. 现有询价的客人，请负责接待； 3. 有 49+3 位客人已经决定参加台湾八日风情游项目，请负责计调工作		
教学辅助设施	模拟旅行社真实工作环境，配合相关教具	
项目描述	通过对台湾八日游的操作，引导学生根据台湾省主要旅游资源设计线路，由学生完成以下主要环节工作：线路设计、报价、销售、计划调度、总结汇总等	
项目资讯重点	主要考查学生对线路产品本身的了解、计调业务的熟悉程度	
项目能力分解目标	要求学生将知识和技能运用到本次旅游活动的各个环节，完成： 了解台湾概况、特色文化及主要旅游资源，做出风情游的特色线路设计； 根据客人的具体情况落实相应计调工作	

任务 2 如表 3-21 所示。

表 3-21 港澳游

小组成员：		指导教师：
项目名称：	模拟地点：	
工作岗位分工：		
工作场景： 1. 为拓展业务，贵社现设计几条港澳风情游线路； 2. 现有询价的客人，请负责接待； 3. 有几位客人已经决定参加港澳游项目，请负责计调工作		
教学辅助设施	模拟旅行社真实工作环境，配合相关教具	
项目描述	通过对港澳游的操作，引导学生对港澳主要旅游资源设计线路，由学生完成以下主要环节：线路设计、报价、销售、计划调度、总结汇总等工作	
项目资讯重点	主要考查学生对线路产品本身的了解、计调业务的熟悉程度	
项目能力分解目标	要求学生将知识和技能运用到本次旅游活动的各个环节，完成： 了解港澳概况、特色文化及主要旅游资源，做出风情游的特色线路设计； 根据客人的具体情况落实相应计调工作； 根据老师所给计调流程进行相应程序的操作(以情景模拟的形式进行)	

任务 3：根据客户的需要，将不同的台湾游和港澳游组合成一个产品进行销售和计调工作。

二、填写任务单

任务单如表 3-22 所示。

表 3-22　任务单

小组成员：		指导教师：
任务名称：	模拟地点：	
工作岗位分工：		
工作场景：		
教学辅助设施	模拟旅行社真实工作环境，配合相关教具	
任务描述	进行线路设计、出境证件办理、相关程序操作和团队跟踪	
任务资讯重点	主要考查学生设计线路水平和出境线路操作	
任务能力分解目标	1. 设计线路； 2. 安排落实接待事宜； 3. 证件办理； 4. 模拟团队跟踪	
具体实施		

三、任务整体评价考核点

(1) 港澳台游操作内容。

(2) 港澳台游操作程序。

(3) 港澳台游操作注意事项。

(4) 相应材料准备：台湾、香港、澳门地区通行证的办理程序、地图册、景点旅游知识、特色住宿设施、民俗民风体验、特色小吃安排、购物、敏感问题应对等。

四、相关知识点

(一)港澳台游计调操作内容和程序

1. 收集信息

收集同业同类港澳台旅游的特价信息；收集港澳台酒店、门票、车队行程信息以及航线特价信息；关注我国对港澳台政策的变化与汇率的信息。

2. 产品设计和市场推广策划

推出具有卖点和竞争力的港澳台旅游产品。

3. 核价、包装产品

对线路行程的整体价格进行核算、调整和包装。

4. 编制团号、制订出团计划

对计划推出的产品线路编制团号，并根据客户的需要制订相应出团计划。

5. 通过各种渠道销售

对业务骨干的培训完成后，开始通过中转营销、外联直销、门市前台销售、同业代理、媒体网络等各种方法进行产品销售。

6. 办证审核

游客报名签合同后，办理港澳台通行证，并认真审核。

7. 向协作单位核价

确认航班、酒店、车辆、景点、合作旅行社，决定最终行程，并召开出团前游客说明会。

8. 派发陪同、导游及游客出团通知书

应根据最终确定的团队内容向游客派发出团通知书。给游客的出团通知书上包含团队的行程、出发时间、地点、紧急联系人姓名、电话等信息。如团队派陪同，应将确认的行程、标准、出发时间及地点、游客名单、联系电话、接团导游姓名及电话、接待社联系人及电话等信息列明，并要对陪同的职责和义务详加提示，起到团队监督的作用。

9. 跟踪团队

在出团前24小时要再次与接待社落实和确认，以防接待社疏忽和遗漏，发现问题时要及时补救。在团队进行过程中，计调人员应保持24小时手机开机，随时与接待社、陪同、领队及游客保持联系，掌握团队的行程，发现问题时要及时沟通解决。

10. 审核报账单据

团队行程结束后，接待社会很快传来团队催款单，组团计调人员应根据团队实际运作情况进行单据和费用的审核及结算。

11. 交主管审核签字，交财务报账

将审核无误的单据附报账单交由主管再度审核、签字，并交由财务部门报账请其按协议准时付清款项。

12. 团队结束归档，跟踪回访

团队结束后，要将所有操作传真及单据复印留档，作为操作完毕团队资料归档。并对参团客人进行回访，建立客户档案。

13. 根据产品销售情况进行调整

根据产品销售情况、出团量、团队质量对产品进行适当调整。销售好的产品继续销售并适当增加出团计划，销售欠佳的产品要总结是线路本身不够有吸引力，还是市场等情况造成的，如团队质量出现问题，要追溯原因，对于接待单位也要磨合、斟酌和再选择。

港澳台游计调工作

(二)大陆居民往来台湾通行证申请种类及逗留期

1. 申请条件

大陆居民同时申请往来台湾通行证和签注，或者持有效往来台湾通行证单独申请签注的，依据不同事由须具备相应条件。

团队旅游：参加国家旅游局指定的有经营赴台游业务资质的旅行社组织的赴台湾团队旅游。

个人旅游：开放赴台湾个人旅游城市的常住户口居民，或者符合国家移民管理局规定条件的非常住户口居民，申请赴台湾个人旅游。

探亲：探望在台湾定居、长期居住、就业、就学的亲属；尚未取得台湾居民身份的大陆配偶赴台团聚、居留。

定居：经台湾主管部门批准取得在台定居资格的大陆居民，申请赴台湾定居。

应邀：经台办批准前往台湾从事科技、文化、体育、学术等交流活动，或者参加两岸事务性商谈、采访。

商务：经台办批准前往台湾进行考察、会议、谈判、履约、培训等商务活动，参加或参观展览等经贸交流活动。

学习：在教育部批准开放大陆学生赴台学习的省份参加本年度普通高校招生全国统一考试的高中毕业生，或在上述开放赴台就学省份且毕业于台湾主管部门承认学历的大陆高校的应届本科或硕士毕业生。

乘务：执行海峡两岸航运任务。

其他：前往台湾就医、访友、处理财产、奔丧、诉讼、从事渔业劳务等事务。

2. 批准签发签注种类及逗留期

团队旅游签注(L)：赴台团队旅游游客可签发 6 个月一次有效签注；赴台旅游组团社领队可签发最长 1 年且不超过领队证有效期的多次有效签注。

个人旅游签注(G)：签发 6 个月一次有效签注。

探亲签注(T)：根据入台许可期限和有效次数，依申请签发 6 个月一次有效签注，或 1 年、2 年、3 年多次有效签注。

定居签注(D)：签发 6 个月一次有效签注。

应邀签注(Y)：根据台办批准的"赴台批件"，可签发 6 个月一次有效签注，6 个月或 1 年、2 年、3 年多次有效签注。

商务签注(F)：根据台办批准的"赴台立项批复"，可签发 6 个月一次有效签注，6 个月或 1 年、2 年、3 年多次有效签注。

学习签注(X)：根据台办出具的赴台学习证明载明的学制签发相应的多次有效签注。

乘务签注(C)：根据台办批准的"赴台批件"，签发 1 年或 2 年、3 年多次有效签注。

其他签注(Q)：赴台就医、访友、处理财产、奔丧、诉讼等事务，根据入台许可期限和有效次数签发 6 个月一次有效签注或 1 年多次有效签注；赴台从事近海渔船船员劳务作业的，依申请签发 6 个月一次有效签注或 1 年多次有效签注。

(三)往来港澳签注种类及逗留期

往来港澳签注分为 6 个种类：探亲(T)、商务(S)、团队旅游(L)、个人旅游(G)、其他(Q)和逗留(D)。根据申请事由分类签发。

1. 探亲签注

(1) 探望配偶、父母或者配偶的父母、子女，可以签发 3 个月一次签注，在香港或者澳门逗留不超过 14 天；或者 3 个月多次签注，在香港或者澳门逗留不超过自首次进入之日起 90 天。

(2) 探望兄弟姐妹，签发 3 个月一次签注，在香港或者澳门逗留不超过 14 天。

2. 商务签注

(1) 已办理登记备案的单位人员，根据各地制定的审批条件，可以签发 3 个月一次签注、3 个月多次签注、1 年多次签注，每次在香港或者澳门逗留不超过 7 天。

(2) 未办理登记备案的单位人员，个体工商户经营者，签发 3 个月一次签注，在香港或者澳门逗留不超过 7 天。

(3) 驾驶往返内地与香港或者澳门交通工具人员，可以签发 3 个月多次签注、1 年多次签注，每次在香港或者澳门逗留不超过 7 天。

3. 团队旅游签注

可以签发 3 个月一次签注、3 个月二次签注、1 年一次签注、1 年二次签注，每次在香港或者澳门逗留不超过 7 天。

4. 个人旅游签注

可以签发 3 个月一次签注、3 个月二次签注、1 年一次签注、1 年二次签注，每次在香港或者澳门逗留不超过 7 天。

5. 其他签注

可以签发 3 个月一次签注、3 个月二次签注、1 年一次签注、1 年二次签注，每次在香港或者澳门逗留不超过 14 天。

6. 逗留签注

可签发多次签注，出境有效期根据香港或者澳门有关部门批准的期限签发。

(1) 赴香港就学、就业、培训人员及其亲属，签注出境有效期按照香港入境事务处进入许可批准的最长有效期签发。

(2) 赴澳门就学，签注出境有效期按照澳门高等教育辅助办公室出具的"确认录取证明书"批准的学习期限签发，但最长不超过 1 年。赴澳门就业，签注出境有效期按照澳门治安警察局出入境事务厅或者澳门社会文化司或者经济财政司批准的期限签发，但最长不超过 2 年。赴澳门就业人员的亲属，签注出境有效期按照澳门治安警察局出入境事务厅批准的期限签发，但最长不超过 2 年。持证人每次在澳门逗留不超过 90 天。

签证流程及资料准备

台湾居民来往大陆
通行证、签注申请表

工学结合

情景 哈尔滨某高校组织骨干教师在 2024 年 1 月 4 日赴台湾进行为期十天的培训，外加 5 天的旅游交流活动，请为其安排相应的活动。人数：45 名教师，包括 4 位处级领导(男士)，19 位女教师，21 位男教师，外加 1 名女全陪。

客户要求： 全程三星住宿安排，每人每天 120 元伙食标准。

任务：

请迅速设计线路和安排旅游活动，给出报价。

按计调接待工作流程进行，小组自行设计情节，进行仿真模拟。

任务实施：

小组讨论计调方案：线路设计、会场布置、游览项目、与当地相应部门的会晤。

小组展示自己的方案(以 PPT 形式)。

请将工学结合中的两条线路进行地接报价计算，组团社计算组团报价后呈报给客户。

小　　结

本子情境主要介绍港澳台游计调的操作内容和操作流程，通过本子情境的学习和实际演练，学生可以进行简单的港澳台游计调的操作。

子情境六　港澳台地区主要旅游景点简介

一、下达任务

请根据港澳台地区的旅游景点特色，进行线路设计。

二、填写任务单

任务单如表 3-23 所示。

表 3-23　任务单

小组成员：		指导教师：
任务名称：	模拟地点：	
任务描述	了解港澳台地区旅游景点的特色，设计线路	
任务资讯重点	主要考查学生对港澳台地区主要景点的了解，并能够进行线路设计	
小组成果展示		

三、任务整体评价考核点

(1) 了解港澳台地区主要景点特色。

(2) 了解当地风土人情和当地禁忌。

(3) 根据旅游区特色，能够自行设计有新意的旅游线路。

四、相关知识点

(一)台湾主要旅游景点简介

1. 日月潭

日月潭旧称水沙连，又名水社里，位于阿里山以北、能高山之南的南投县鱼池乡水社村，是台湾最大的天然淡水湖泊，堪称明珠之冠。在清朝时即被选为台湾八大景之一，有"海外别一洞天"之称。区内依特色规划有六处主题公园，包括景观、自然、孔雀、蝴蝶、水鸟、宗教等六个主题公园，还有八个特殊景点，以及水社、德化社两大服务区。

日月潭由玉山和阿里山的断裂盆地积水而成。环潭周长 35 千米，平均水深 30 米，水域面积达 900 多公顷，比杭州西湖大 1/3 左右。日月潭中有一小岛，远望好像浮在水面上的一颗珠子，名"珠子屿"。抗战胜利后，为庆祝台湾光复，把它改名为"光华岛"。岛的东北面湖水形圆如日，称日潭，西南面湖水形觚如月，称月潭，统称日月潭。

日月潭本来是两个单独的湖泊，后来因为发电需要，在下游筑坝，水位上升，两湖就连为一体了。日月潭之美在于环湖重峦叠峰，湖面辽阔，潭水澄澈，一年四季，晨昏景色各有不同。七月平均气温不高于 20℃，一月不低于 15℃，夏季清爽宜人，为避暑胜地。潭东的水社大山高逾 2000 米，朝霞暮霭，山峰倒影，风光旖旎。潭北山腰有一座文武庙，自庙前远眺，潭内景色，尽收眼底。南面青龙山，地势险峻，山麓中有几座寺庙，其中玄奘寺供奉唐代高僧唐玄奘的灵骨。西畔有一座孔雀园，养有数十对孔雀，能表演开屏、跳舞，使人倍添游兴。东南的邵族居民聚落，有专供旅客观赏的民族歌舞表演。泛舟游湖，在轻纱般的薄雾中飘来荡去，优雅宁静，别具一番情趣。

2. 台北故宫博物院

台北故宫博物院，位于外双溪，占地 20 亩，始建于 1962 年，于 1965 年孙中山诞辰纪念日落成。整座建筑仿北京故宫博物院的形式，采中国宫廷式设计而建，外观雄伟壮丽，背负青山。

1931 年"九一八"事变后，日本侵略者步步进逼，不得不将北平故宫等地存藏的珍宝南迁。在北京故宫博物院院长马衡主持下，经过挑选、造册、编号、装箱，迁走北京故宫博物院古物约 20 万件，《溪山行旅图》也包括在内。

南迁古物暂存上海，抗战前夕运到四川，抗战胜利后又迁回南京，1948 年又从南京迁往台湾。幸运的是当时虽然兵荒马乱，烽火连天，文物的迁运过程时日绵长、道路艰险，却无损毁丢失，确实是奇迹。

进入故宫广场前，即见由六根石柱所组成的牌坊，坊上题有孙中山手迹"天下为公"，拾级而上，可见刻有"博爱"二字的铜鼎。

3. 台湾阿里山

阿里山属于玉山山脉的支脉，由地跨南投、嘉义二县的大武峦山、尖山、祝山、塔山等 18 座大山组成。相传以前，有一位邹族酋长阿巴里曾只身来此打猎，满载而归后常带族人来此，为纪念他便以其名为此地命名。园区内除了有丰富珍贵的自然资源之外，也保留了邹族 200 多年原住民的人文资源，如今更因新中横公路而与玉山公园串联起来，是一段兼具知性与感性的森林之旅。

景观特色：赏花、看日出、夕阳、晚霞、观云海、森林浴、赏枫、赏鸟、登山。

4. 垦丁公园

垦丁公园位于台湾本岛最南端的恒春半岛，三面环海，东面太平洋，西邻台湾海峡，南濒巴士海峡。陆地范围西边包括龟山，向南至红柴之卮地崖与海滨地带，南部包括龙銮潭南面之猫鼻头、南湾、垦丁森林游乐区、鹅銮鼻，东沿太平洋岸经佳乐水，北至南仁山区。海域范围包括南湾海域及龟山经猫鼻头、鹅銮鼻北至南仁湾间，距海岸一千米内的海域。

5. 台北 101

台北 101，位于台湾省台北市信义区，由建筑师李祖原设计，熊谷组-华熊营造-荣民工程-大友为所组成的联合承揽团队建造，保持了世界纪录协会多项世界纪录。2010 年以前，台北 101 是世界第一高楼(高 508 米，但不是世界最高建筑)。

夜间的台北 101 外观会打上灯光，以彩虹七种颜色为主题，每天更换一种颜色，如星期一是红色、星期二是橙色等，每天落日时间开始开灯，至晚上 10 点关闭。

其中观景使用的电梯，其上行最高速率可达每秒 16 米，相当于时速 60 千米，从 1 楼到 89 楼的室内观景台，只需 39 秒；从 5 楼到 89 楼的室内观景台，只需 37 秒。下行最高速率可达每分钟 600 米，由 89 楼下行至 5 楼仅需 46 秒，至 1 楼仅需 48 秒。另外，它也是到目前为止，世界最长行程的室内电梯。此电梯由美国电梯顾问公司 Lerch, Bates and Associates 规划，日本东芝与中国台湾的台湾崇友公司合作制造。此台电梯的模型在 89 楼的室内观景台有展示。电梯停靠 1 楼、5 楼与 89 楼，其中，1 楼为公司内部接待贵宾使用，不对外开放。一般参观民众需至 5 楼购票后排队入场参观。世界最快速电梯证书在 1 楼、5 楼和 89 楼的电梯厅皆有展示。

台湾旅游须知

(二)香港主要旅游景点简介

香港有"东方之珠"的美誉，总面积为 1070 平方千米，是全球人口最密集的地区之一。香港可分为四个部分：香港岛、新界、九龙和离岛。九龙是位于北边港口的半岛；香港岛的面积为 78 平方千米，是香港主要的金融商业区，但只占全香港陆地面积的 7%；新界的面积约为 980 平方千米；相当于香港陆地面积的 91%；离岛共包括 262 个岛屿，最大的大屿山几乎是香港岛的两倍之大。

香港自秦朝起明确成为那时的"中原"王朝领土(狭义的中原，指今河南一带。广义的中原，指黄河中下游地区)，公元前 214 年(秦始皇二十三年)，秦朝派军平定百越，置南海郡，把香港一带纳入其领土，属番禺县管辖。从此时起直至清朝，随着中原文明向南播迁，香港地区得以逐渐发展起来。元朝时香港属江西行省，在香港西南的屯门及广州的外港又设巡检司，并驻军防止海盗入侵，拱卫广州地区。直至 19 世纪后期清朝战败后，才被分批割让及租借给英国受殖民统治。

1. 香港迪士尼乐园

香港迪士尼乐园位于大屿山，山峦环抱，是一座融合了美国加州迪士尼乐园及其他迪士尼乐园特色于一体的主题公园。香港迪士尼乐园包括四个主题区：美国小镇大街、探险世界、幻想世界、明日世界。每个主题区都能给游客带来无尽的奇妙体验。

到访香港迪士尼乐园的游客会首先在美国小镇大街展开他们的旅程。美国小镇大街是根据典型的美国小镇设计而成，富于怀旧色彩，所展现的时代正是由电灯取代煤气灯，以及汽车代替马车的年代。这些怀旧设计带领游客进入神奇王国，体验乐园内不同的世界。

2. 香港会议展览中心

香港会议展览中心位于湾仔博览道 1 号，是该区最新建筑群中的代表者之一。除了作大型会议及展览用途之外，这里还有酒店两间、办公大楼和豪华公寓各一幢。而它的新翼则由填海扩建而成，内附大礼堂及大展厅数个，分布于三层建筑之中，是世界最大的展览馆之一。

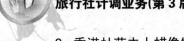

3. 香港杜莎夫人蜡像馆

香港杜莎夫人蜡像馆，简称香港蜡像馆位于香港太平山顶凌霄阁，是专门展览名人蜡像的博物馆。其中展出了世界各地名人及知名影星，如成龙的蜡像，是内地旅客游港必到之地。

香港蜡像馆共分多个展区，包括魅力香江、风云人物、世界首映、体坛猛将和乐坛巨星。在魅力香江内，游客可以在酒吧中与香港著名电影女星张柏芝把酒言欢，与"舞台皇者"郭富城在台上共舞。此外，游客亦可模仿滨崎步穿上不同的时尚配饰，戴上最潮流的发型。

4. 浅水湾

浅水湾是香港高档的住宅区之一，位于香港岛南部，是香港最具代表性的美丽海湾，同时也是香港最受欢迎及交通最方便最具代表性的泳滩，是游人必到的著名风景区。浅水湾海滩绵长，滩床宽阔，且水清沙细，波平浪静。沙滩上中国古典色彩的镇海楼公园里有天后娘娘、大慈大悲观音神像，还有长寿桥等胜景。临海的茶座，则是欣赏红日西沉，涛声拍岸的好地方。

5. 太平山顶

海拔 554 米的太平山顶俗称扯旗山，是香港岛之巅，也是俯瞰维多利亚港景色的最佳地点，游览香港的第一焦点。白天和夜晚的山顶风景各有不同，不论你是不是个浪漫的人，都一定要到太平山赏夜景，赏景最佳的地点在凌霄阁的观景台、缆车总站旁的狮子亭，入夜的香港会让你念念不忘。

6. 兰桂坊

兰桂坊位于香港中环区的一条呈 L 形的上坡小径，是由德己立街、威灵顿街、云咸街、安里、仁寿里及荣华里构成的一个聚集大小酒吧与餐馆的中高档消费区，深受年轻一代、外籍人士及游客的欢迎，是香港的特色旅游景点之一。

兰桂坊酒吧街缘起于 20 世纪 70 年代初期，港府在中西区开始进行市区重建。当时一位意大利籍商人在这里开设了一间意大利服装店及餐厅。部分在中环上班的"优皮士"，下班后想找一个地方聊天，这家餐厅便成为他们欢乐时光的聚集处。其后，兰桂坊渐渐成为一处有品位的消闲之地，酒吧、饮食店及娱乐场所越开越多。

随着兰桂坊附近酒吧及餐厅的发展，云咸街交界与荣华里一段的德己立街，也被纳入兰桂坊的范围。在香港，除了豪华酒店以外还有很多独立经营的酒吧。香港不大，酒吧不少。富有小资情调的兰桂坊，灯红酒绿的湾仔骆克道，流光溢彩的九龙尖沙嘴，都是酒吧集中的区域。不过名气最大、最富有特色的酒吧区，非兰桂坊莫属。

7. 庙街

庙街位于香港九龙油麻地，是香港一条富有特色的街道，同时也是香港最负盛名的夜市。很多电影都曾以该条街道取景。庙街以售卖平价货的夜市而闻名，被喻为香港的平民夜总会。

清朝时期，庙街的中段建有一座天后庙，即油麻地天后庙，庙街因此而得名。另外，由于庙街的性质与旺角的女人街相似，而到访的人则以男性为主，故亦有"男人街"的称号。香港年轻一辈，多以"老庙"作为庙街的俗称。

庙街早于 1887 年的九龙地图上已有记录。当时庙街分为两段，以油麻地天后庙为界，以北一段被称为"庙北街"，以南一段则称为"庙南街"。由 20 世纪 20 年代开始，天后庙对面的广场(俗称"榕树头")，开始发展成大笪地式的休憩场地，带动了庙街附近不少贩卖杂物及小食摊档的兴起。广场对面一带的街道众坊街(英文为 Public Square Street，以前曾译为"公众四方街")，也是由这个广场得名的。

1968 年，当时的香港政府拟在天后庙广场的附近兴建梁显利社区服务中心，引起在该处经营生意的 200 多个流动小贩对搬迁安排的不满。在油麻地街坊会及香港警方的协调下，政府决定在庙街及上海街近榕树头一带划出摊位作安置之用，但须通过抽签分配。

1975 年 3 月，当时的香港市政局在庙街划出"小贩认可区"，使庙街原有的小贩得到有系统的管理。庙街的"小贩认可区"包括文明里至众坊街一段，以及甘肃街至南京街一段，共有近 600 多个划定位置供小贩摆卖。摊位本来在傍晚开始营业，1998 年部分的营业时间更改为由中午开始。

(三)澳门主要旅游景点简介

澳门回归后，全称为中华人民共和国澳门特别行政区。澳门在先秦属百越地，从秦朝起就属于中国领土，属南海郡。澳门在隋朝时属宝安县，南宋时属香山县，元代属广州路，明清属广州府。1553 年，葡萄牙人从明朝广东地方政府取得澳门居住权，经过四百多年欧洲文明的洗礼，东西文化的融合共存使澳门成为一个风貌独特的城市，留下了大量的历史文化遗迹。澳门北邻珠海，西与珠海市的湾仔和横琴对望，东与香港相距 60 千米，中间以珠江口相隔。澳门是一个自由港，也是世界四大赌城之一。1999 年 12 月 20 日中国政府恢复对澳门行使主权，澳门回归之后，经济迅速增长，比往日更繁荣，是一国两制的成功典范。其中著名的轻工业、美食、旅游业、酒店和娱乐场所使澳门长盛不衰，澳门成为亚洲最发达、最富裕的地区之一。澳门也是世界上人口密度最高的地区之一。

1. 大三巴牌坊

大三巴牌坊是最具代表性的"澳门八景"之一，位于炮台山下，左临澳门博物馆和大炮台名胜，为天主之母教堂(即圣保禄教堂)的前壁遗址，曾浴火重生。其建筑糅合了欧洲文艺复兴时期与东方建筑的风格而成，体现出东西艺术的交融，雕刻精细、巍峨壮观。1835 年的一场大火几乎烧毁了整个教堂，只剩下一面石墙，即现在的大三巴牌坊。

2. 澳门渔人码头

澳门渔人码头主要分为三个特色区域：唐城、东西汇聚、励骏码头。唐城是一幢仿唐朝建筑风格的中式城楼，城楼内以购物商场为主，集各地潮流商品以及高级食府。东西汇聚糅合了东方传统观念与西方建筑风格的设计特色，区内设施包罗万象。观音像位于人工岛上，青铜观音像由葡萄牙女雕塑家设计，在中国铸造，观音莲花宝座是一所佛教文化中心。

3. 普济禅院

普济禅院又名观音堂，是澳门三大古刹之一，建于明朝末年，距今约有 370 多年的历史。其规模宏大、历史悠久、占地广阔、建筑雄伟。

从外观看，禅院墙顶屋橼均用琉璃瓦铺砌，正门顶上装饰有奇花异草、游鱼祥龙等祥瑞之物。主体建筑分为三殿。一进山门，迎面即是庄严宏伟的大雄宝殿，殿中供奉着三宝佛像，皆为丈八金身，佛像庄严。从大雄宝殿西行，依次是天后殿、地藏殿、龙华堂、静乐堂；东行则是关帝殿、藏经楼等建筑。主殿观音殿中供奉观音大士莲台，樟木雕塑。

4. 氹仔岛

氹仔岛位于澳门半岛以南，面积为 6.2 平方千米。东西向、狭长形，形如一条鲸鱼，东西有大氹山、小氹山，中部为一大片淤积及填海而成的平地。面积为 4.1 平方千米(占澳门地区总面积 22.8%)，与澳门之间有两条长 2.5 千米及 4.5 千米的大桥相连。建筑宏伟壮观的赛马会和澳门大学，均矗立在氹仔岛上。氹仔与澳门半岛之间的两座大桥是嘉乐庇总督大桥和友谊大桥。嘉乐庇总督大桥长度为 2.6 千米，友谊大桥长度为 4.4 千米。

5. 妈阁庙

妈阁庙为澳门最著名的名胜古迹之一，初建于明弘治元年(1488 年)，距今已有 500 多年的历史。妈阁庙原称妈祖阁，俗称天后庙，位于澳门的东南方，枕山临海、倚崖而建，周围古木参天、风光绮丽。其主要建筑有大殿、弘仁殿、观音阁等殿堂。庙内主要供奉道教女仙妈祖，又称天后娘娘、天妃娘娘，人称其能预言吉凶，常于海上帮助商人和渔人化险为夷，消灾解难，于是，福建人与当地人商议在现址立庙祀奉。

小　　结

本子情境主要介绍港澳台三地主要旅游景点知识，目的是为了在了解景点的前提下，更加科学合理地进行线路的设计和计调操作流程的操作。

思考与能力训练

1. 请介绍西北地区主要旅游景点。
2. 请参照示例 3-1，设计一条西北旅游区的旅游线路。
3. 请填写附录中相关的任务单和评量表。
4. 港澳台游线路设计要点。
5. 港澳台游计调操作流程。
6. 港澳通行证办理程序。

示例 3-1 初见妙雪-童话雪乡+激情滑雪魅力冰城 4 日游

实训

第××届绿色食品展销会计划于 2023 年 12 月 7 日—10 日在香港会展中心举办，黑龙江森工总局拟派出参展队伍前往香港进行宣传和展销，现将参展人员和随行人员名单发给贵社，请协助办理赴香港地区参展活动、翻译活动、赴港澳旅游活动及日常食宿的安排。

时间安排：2023 年 12 月 5 日从哈尔滨抵达深圳，12 月 6 日抵港布展。

12 月 11 日—15 日进行旅游活动，16 日从珠海返回哈尔滨。

客户要求：全程四星住宿安排；随行翻译人员；新闻媒体宣传；旅游活动安排；当地

相关部门会晤安排。

　　人数：15 位男士(其中五位为处级以上领导)，8 位女士，合计 23 位游客，其中有两对夫妻和一对父子，无未成年人；另派 1 名全陪。

　　任务：请按以上要求做好线路设计和相应会展活动安排，迅速给出报价。(小组间对线路报价进行评价，以速度和效率为测评标准)

　　按计调接待工作流程进行，小组自行设计情节，进行仿真模拟。

情境四

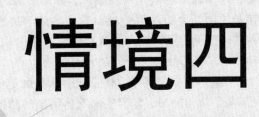

国际游计调

【教学目标】

知识目标：掌握出境计调的操作流程；熟悉出境操作注意事项；掌握入境计调的操作流程；熟练审核出境游客的签证材料；掌握突发事件的处理方法。

能力目标：能够拟定入境旅游接待计划；能够进行团队出境计调操作；能够进行入境团队计调操作。

素质目标：具有爱国主义精神；具有对客人和境外旅行社较强的责任心；具有与境外团队友好合作精神和旅游产品开发创新意识；求同存异；具有灵活处理境外突发事件的应变能力。

【核心概念】

出境计调操作　入境计调操作　突发事件处理

2022—2023旅游业

　　旅游市场数据和产业研究报告发布环节，由中国旅游研究院副院长唐晓云博士主持，七位主编和执行主编代表课题组分别发布了国内旅游、国民休闲、入境旅游、出境旅游、旅游住宿、旅游景区与度假区和旅行服务报告。

　　规划与休闲研究所副研究员黄璜博士代表课题组发布了《中国国内旅游发展年度报告(2022—2023)》，对国内旅游的市场规模、客源地、目的地和旅游流等进行了系统分析。研究表明：城镇居民和高学历人群是我国最主要的旅游客源市场，占比分别达到72.15%和42.27%。国内旅游呈现出本地化、近程化特征，省内旅游客流占国内旅游客流的82.24%，且81%的省际旅游客流为相邻省份间的旅游流动。

　　规划与休闲研究所副研究员李雪博士代表课题组发布了《中国休闲发展年度报告(2022—2023)》，系统阐释了休闲时间、休闲空间及休闲活动的特征与趋势。研究表明：人民群众的休闲权利意识日渐彰显。国民休闲时间较疫情前大幅提升，2022年城镇居民和农村居民全年总休闲时长分别为1522.4小时和1511.1小时，比2019年分别增加289.3小时和365小时。城乡居民近程化休闲趋势日益明显，距家1～3公里以内区域构成了国民休闲活动的主体空间范围。2022年，有86.19%的城镇居民、91.64%的农村居民和88.37%的退休居民选择在距家3公里范围内进行休闲。此外，休闲活动丰富多样，休闲场景趋于多元，文化休闲在城镇居民日常生活中的比重日益提升。

　　国际所(港澳台研究所)所长杨劲松博士代表课题组发布了《中国出境旅游发展年度报告(2022—2023)》，系统分析了我国出境旅游市场复苏、游客偏好和旅游企业的创新行为。研究表明：疫情发生以来，我国出境旅游损失巨大，出游人数累计减少在4亿人次以上。尽管冲击严重，但出境目的地依然普遍看好中国出境市场前景，持续为市场的未来复苏做准备，出境市场主体也"内转""外拓"寻求生机。研究同时发现，潜在的出境游客消费偏好变化明显，游客出游信心开始加速恢复。在期望选择的出境旅游目的地中，有接近45%的受访者选择了以欧美为代表的远程目的地，较上一年优先选择近程目的地有明显变化。与之相伴随的，是安全诉求依然保持高位，出境旅游产品的性价比也最受到游客关注。正在开启的出境旅游复苏，将是出境游客心理预期和现实条件不断磨合的长期复杂过程。安全和吸引力、便利性的平衡，远程和近程目的地的取舍，都将表现出来。

　　国际所(港澳台研究所)项目主管刘祥艳博士发布了《中国入境旅游发展年度报告(2022—2023)》，结合全球国际旅游加速恢复背景，全面评估了入境旅游市场运行、旅游业数字化转型和城市的国际旅游影响力，研究表明：伴随入境旅游复苏和回暖的政策窗口逐步打开，2022年入境旅游接待规模将超过2000万人次，有序恢复将是未来入境旅游发展的主基调。伴随数字化基础更好的新兴入境旅行服务商及行业新进入者更多地参与行业生态重建，数字化正在重塑行业生态。未来，要依托城市个性进一步提升目的地的国际旅游影响力，进一步发挥城市在推动入境旅游目的地建设，提高对外旅游推广质量等方面的积极作用。

　　产业研究所所长杨宏浩博士发布了《中国旅游住宿业发展报告(2022—2023)》，以"破困局蓄能量谋复苏"为主题，勾勒了我国旅游住宿业现状和前景。研究表明：我国住宿业景气今年处于低谷期，在政府纾困政策的促进、企业积极展开自救和不断创新突破下，住宿企业顽强地坚持过来了。未来一段时期，住宿业应稳中求进，住宿企业将发展重心回归到运营服务和资产管理，在赚取利润的同时关注和兼顾"利润之上"的追求。住宿企业要为产业复苏储蓄能量，其中人才和资金首当其冲。我国住宿业已经是个万亿级产业，但上市公司只有十家，市值不足美国住宿类上市公司的十分之一。下一步要研究如何更好地利用资本市场的优势推动住宿业的高质量发展。

产业研究所副研究员战冬梅博士发布了《中国旅游景区度假区发展报告(2022—2023)》，基于"从风景到场景"的视角，分析研判了我国旅游景区度假区业态创新和发展的新方向。研究表明：神州处处是风景，旅游无时不场景。随着游客出游半径和目的地游憩半径分别从疫情前2019年时的270公里和15公里缩小到2022年的100公里左右和7、8公里以内，从风景到场景正在成为旅游景区度假区发展的新方向。未来景区度假区需要坚持以人民为中心，重构场景化导向的现代旅游业发展体系。

产业研究所张杨博士发布了《中国旅行服务业发展报告(2022—2023)》，从产品力入手，深刻阐释了旅行服务业面临的变革挑战和创新思路。研究表明：2022年是疫情以来旅游业最为困难的一年，也是旅行社为代表的旅行服务业承受最大压力，展现创新活力的一年。无论是面向本地休闲、近程旅游和本地休闲的市场开拓，还是面向研学、亲子、自驾、露营旅游的产品创新，都彰显了旅行社和在线旅行商顽强的市场生存能力和韧性复苏动能。随着优化落实疫情防控二十条、新十条的推出和落实，旅游业最难的时候已经过去，光明的前景正在到来。旅行服务业从现在开始，要将更大精力用于市场研究，把更多的资源配置到产品创新，以大众旅游、智慧旅游、绿色旅游、文明旅游、文化和旅游融合发展为导向，持续推进产品力的全面提升。

（资料来源：中国旅游研究院 ）

子情境一　出境游计调业务操作流程

一、下达任务

为拓展业务，贵社现设计日本东京、富士山、名古屋深度六日游线路。线路见表4-1。

(1) 现有询价的客人，请负责接待。

(2) 有24位客人已经决定参加此旅游项目，请负责计调工作。

(3) 出行日期2024年1月4日至7日，于哈尔滨出境。

表 4-1　东京、富士山、名古屋深度六日游

日期	都市名	交　通	行　程	餐　饮
第一天	哈尔滨 名古屋	9C8617 (11:25—16:00)	哈尔滨太平国际机场集合，乘坐春秋航班直飞名古屋 饭店：四星酒店	三餐自理
第二天	名古屋 —富士山	专用车	白川乡(约 60 分钟)：白川乡内建造有"合掌造"(茅草的人字形木屋顶)式的民宅，110 多栋连成一片，1995 年被指定为联合国教科文组织的世界文化遗产。"合掌造"指的是将两个建材合并成形如叉手三角形状且用稻草芦苇来铺就的屋顶，在白川地区又被称为"切妻合掌造"，其特征是两边的屋顶像是一本打开的书，呈一个三角形状，这也是因白川地区雪茫的自然条件而发展出来的。合掌村的得名，来自其建筑型式。合掌村中散落着各种民家、民宿和饮食店。在能够体验到日本的原始风景的合掌村中慢悠悠地散步。 飞驒高山之町古街(约 60 分钟)：风情万种的町家内、酿酒厂、味噌厂、杂货店、咖啡店、餐馆、土特产店鳞次栉比。边走边品尝飞驒牛肉、高山拉面等当地有名的小吃。如果走累了，也可以选择坐人力车来享受微风拂面的感觉。 高山阵屋(外观)：金森氏左迁后，高山成为德川幕府的直辖地区，代官、郡代(约官名)等在此设置了办公机构，以管理飞驒地区的行政。这个办公场所(日语称"役所")，被称为"高山阵屋"，官员们在此下达命令、通知以及办理纳贡事宜等 饭店：四星酒店或温泉酒店	早餐：酒店 中餐：小吃 晚餐：日式料理
第三天	松本— 富士山— 甲府地区	专用车	松本城(约 45 分钟)：松本城是在文禄(1592—1593)时代建造而成的五层六阶的天守阁，城内是日本国内现存最古老的建筑，天守阁被指定为日本国宝，城堡也被指定为日本的史迹。经历 400 年风雪的松本城天守阁从战国时代到现在妥善地被保存下来。 富士山五合目(约 30 分钟)：富士山跨越山梨县和静冈县，海拔 3776 米，是日本最高山峰，其优美的风貌在国外也被广泛地认作是日本的象征，被录入世界文化遗产名录。这个富士山五合目中有餐厅、商店、邮局，可以近距离地感受富士山。*视天气情况可能更换为富士山一合目，如遇五合目封山或大规模堵车，则改为前往富士山资料馆，敬请谅解。 忍野八海(约 30 分钟)："忍野八海"其实是富士山的雪水流经地层过滤而成的八个清泉。忍野八海以其优美的自然环境闻名，池水波光粼粼，与美丽的富士山合为一体，美不胜收，吸引无数摄影家前来取景 饭店：四星酒店或温泉酒店	早餐：酒店 中餐：日式料理 晚餐：自理

续表

日期	都市名	交 通	行 程	餐 饮
第四天	甲府地区—新宿—银座—浅草	专用车	银座 LAOX(约 60 分钟)：店内集合了日本制造的贵重饰品、传统工艺品、化妆品、家电等种类繁多的商品。 浅草寺(约 60 分钟)：浅草寺于公元 628 年建造，是东京最古老的寺院。寺里的浅草观音被很多人所信仰。曾经是江户文化发展的起源中心，现在也能看到残存的痕迹。 秋叶原 LAOX(约 40 分钟)：日本东京的秋叶原是日本最大的电器一条街，也是世界最大的电器、动漫一条街，更是东京的一个象征。以位于秋叶原站西侧的中央道为中心，在秋叶原其东西宽 400 米、南北长 800 米的范围内，汇集了 800 多家专门销售家用电器和计算机等电器产品的商店，且价格便宜。其中，还有数家 DFS 专门为外国人提供免税商品，代办托运手续，十分方便。令人眼花缭乱的电器产品和最新电子产品展销，以及熙来攘往的各色人群，构成了秋叶原独有的风景	早餐：酒店 中餐：日式料理 晚餐：自理
			饭店：四星酒店或温泉酒店	
第五天	关东地区—中部国际空港	专用车	御殿场奥特莱斯(约 120 分钟)：拥有大约 210 间品牌店及餐厅，位于能看见世界文化遗产富士山的广阔自然环境中，在蕴含北美历史的街道内散步的同时享受一天购物的乐趣。 珍珠御宝免税店(约 60 分钟)：陈列着各种名贵的珊瑚饰品和工艺品，可以自由挑选	早餐：酒店 中餐：日式料理 晚餐：自理
			饭店：四星酒店或温泉酒店	
第六天	中部国际空港—哈尔滨	9C8618 (07:45—10:30)	在中部国际空港，乘坐春秋航班返回温暖的家哈尔滨，结束愉快的旅途	

费用包含：

往返国际机票、日本四星酒店标准双人间、行程中所列一日三餐、旅游用车、景点门票(不包括自费项目)、中文导游、旅行社责任险。

费用不包含：

护照费，个人消费，境外司机和导游小费(每位客人 RMB120 元/人)，饭店单人间差价[RMB350 元/(晚·人)]，因私自离团所产生的离团费[RMB500 元/(天·人)]，特殊要求费用以及交通延阻、罢工及人力不可抗拒的因素所引致的额外费用。

特别声明：

因航班调整或签证手续等原因，旅行社保留对出团线路、出团日期变更之权利；如遇当地公共假期、节日、气候状况等意外状况，上述行程次序及景点可能临时变动、修改或更改。敬请谅解。

日本移民局有对入境客人不予入境的权力，不能入境的客人所产生的一切费用由本人自行承担。

二、填写任务单

任务单如表 4-2 所示。

表 4-2 日本六日游计调业务操作

小组成员:		指导教师:
项目名称:	模拟地点:	

工作岗位分工:

工作场景:

1. 为拓展业务,请贵社现设计日本六日游线路。

2. 现有询价的客人,请负责接待。

3. 有 24 位客人已经决定参加此旅游项目,请负责计调工作。

4. 出行日期 2024 年 1 月 4 日,于哈尔滨出境

教学辅助设施	模拟旅行社真实工作环境,配合相关教具
项目描述	通过对出境游的操作,引导学生对目的地国家主要旅游资源设计线路,由学生完成以下主要环节的工作:线路设计、报价、销售、计划调度、总结汇总等
项目资讯重点	主要考查学生对线路产品本身的了解、计调业务的熟悉程度和突发事件的处理能力
项目能力 分解目标	要求学生将知识和技能运用到本次旅游活动的各个环节: 了解日本概况、特色文化及主要旅游资源,做出风情游的特色线路设计; 根据客人的具体情况落实相应计调工作; 根据老师所给计调流程进行相应程序的操作(以情境模拟的形式进行)
突发事件	团队到达日本后,无地陪接机,请问这时计调人员和领队应如何处理; 客人到达酒店后,抱怨房间太小,晚餐质量太差,如何解决; 游览第三天,突然降大雨,不能顺利进行旅游活动,计调人员如何解决;在出团前计调人员应做好哪些预防措施
小组实施 过程记录	

三、任务整体评价考核点

(1) 国际游计调操作内容和操作程序及注意事项。

(2) 突发事件的处理。

四、相关知识点

(一)策划、设计出境旅游产品

出境旅游是指旅游者参加组团社组织的前往旅游目的地国家(地区)的旅行和游览活动。随着我国经济的迅速发展,人民的生活水平和质量有所提高,出境旅游成为时尚。因此,出境组团社计调的工作任务更重要,责任更重大。

出境计调的操作流程和国内组团计调的操作流程大致一样,但由于出境旅游操作存在语言和通信上的差异,所以应该特别细致,防止上当受骗。

出境旅游计调人员根据客源特点和旅游目的地实际情况,设计出适合市场需求和可操作的旅游线路产品,并对线路产品进行定价。

产品设计、定价完成后,交由销售人员,如有计划行程变更、价格变动、目的地国家(地区)有突发事件等情况,需要及时通知前台和营业部。

对入境团队来说,在进行产品设计前,要对我国主要客源国概况有所了解,如表 4-3 所示,以便根据客人喜好设计产品,安排行程。

表 4-3 我国主要客源国概况

项目	英 国	德 国	法 国
全名	大不列颠及北爱尔兰联合王国	德意志联邦共和国	法兰西共和国
气候	温带海洋	温带海洋	温带海洋
主要民族	英格兰人、威尔士人、苏格兰人、爱尔兰人	德意志人	法兰西
通用语	英语	德语	法语
主要宗教	基督教新教	基督教新教、天主教	天主教
首都	伦敦	柏林	巴黎
国花	玫瑰	矢车菊	玫瑰、鸢尾花
国树	夏栎	橡树	无
国鸟	红胸鸲	白鹳	云雀、高卢鸡
标志建筑	威斯敏斯特宫	柏林勃兰登堡门	埃菲尔铁塔
货币	英镑	欧元	欧元
忌讳	墨绿、黑、红;山羊、大象、孔雀、黑猫、蝙蝠;菊花	谈论政治;个人隐私;白,黑,棕;四人交叉式谈话	送菊花、康乃馨等黄色花,送红花,用英语交流
主要景点	白金汉宫;温莎堡;圣保罗大教堂;大英博物馆	科隆大教堂;巴登—巴登;特里尔古城	巴黎圣母院;埃菲尔铁塔;卢浮宫;凡尔赛宫
全名	西班牙王国	意大利共和国	俄罗斯联邦
气候	气候不一	地中海式气候	大陆性气候
主要民族	卡斯蒂利亚人	意大利人	俄罗斯人
通用语	西班牙语	意大利语	俄语
主要宗教	天主教	天主教	东正教

项目	西班牙	意大利	俄罗斯
首都	马德里	罗马	莫斯科
国花	石榴花	雏菊	葵花
标志建筑	巴塞罗那圣家堂	古罗马斗兽场与万神庙	莫斯科红场
货币	欧元	里拉、欧元	卢布
忌讳	黄色、紫色、黑色、菊花	13；星期五	黑；兔子、黑猫；黄花；13；左；打听私事
主要景点	太阳海岸；家泰罗西亚海岸；加那利群岛	古罗马斗兽场与万神庙；威尼斯；比萨斜塔；维苏威火山；庞贝古城遗址	红场；克里姆林宫；艾尔米塔奇博物馆；索契

对出境团队来说，在设计行程时，要充分考虑当地特色和风土人情，让国人感觉花钱出境旅游物有所值，如案例巴厘岛经典6日游。

案例中的线路特色是：风情巴厘、天堂之岛。在金巴兰海滩欣赏落日，享受烛光晚餐与海鲜烧烤；去海神庙和乌鲁瓦图断崖聆听古老的传说，感受异国风土人情；在乌布赏梯田风光，于艺术村追寻艺术的踪迹。阳光下，在印度洋的怀抱里冲浪或潜水；涛声中，度过一个慵懒而惬意的下午。更有各种SPA为您消除烦恼和压力，使身心得到放松。

巴厘岛经典6日游

(二)审核资料

出团计划制订完毕后，销售人员通过各种渠道收集到的客人资料，在前台做好销售统计后，会转到计调，因此审核资料是计调人员非常重要的工作。要注意证件的时效性、证照是否相符、出游动机、担保人情况，并加以提示说明。

还未办理护照及签证的游客，由申请人本人携带以下申请材料到公安局入境管理处办理护照或通行证：①身份证和户口本原件和复印件；②两张2寸彩色护照照片(公安局照)；③政审盖章后的出国申请表。

审核游客提交的个人资料：个人登记表、有效期半年以上的护照(通行证)、参团签证材料及四张2寸彩色护照照片。

审核完资料后，如果发现问题要及时通知游客。将旅游团队进行分类，建立团队文档，在文档中要备有准确的行程单、客人名单及联系方式、接待社信息等资料。

(三)送签

护照(通行证)办理好后，游客交齐全额团费并签订旅游合同、协议。计调人员确定前台人员与游客签订的出境旅游合同及出行线路、提交资料准确无误后，统一办理签证及出境手续。申请签证个人资料表见表 4-4。

表 4-4 申请签证个人资料表

姓名		性别	
出生地		出生日期	
学历		民族	
婚姻状况		职务	
年收入		在职时间	
家庭住址	(中文)		
	(英文)		
邮政编码		家庭电话	
护照号码		护照种类	
身份证号		身份证签发机关	
E-mail		手机	
身份证签发日期		身份证有效期	
父亲姓名		母亲姓名	
父亲出生日期		母亲出生日期	
是否有同行人员，如果有请注明并说明关系：			
是否出过国或申请过出国签证？是否曾被拒签？请说明情况：			

在职人员及退休人员填写以下内容：(退休人员可以不填写单位情况)

工作单位	(中文)			
	(英文)			
单位地址	(中文)			
	(英文)			
单位邮政编码		单位电话		
单位负责人姓名		负责人的职务		
配偶姓名		配偶出生日期	配偶出生地	
配偶单位名称				
配偶职务		配偶单位电话		
子女姓名		子女出生日期		

未成年人及学生填写以下内容：

学校名称	(中文)		
	(英文)		
学校地址	(中文)		
	(英文)		
学校邮政编码		学校电话	
校长或系领导姓名		所填领导的职务	

备注：1. 填写上述内容要完整、字迹清晰；2. 电话号码前请注明区号。

本人声明：以上所填内容完全属实，否则本人接受被取消申请资格并由本人承担因此造成的所有风险和损失！

申请日期： 年 月 日

(四)查看要求

游客在报名出游时，可能会提出一些特殊或个人的要求。计调人员在审核参团资料及与销售人员沟通时，了解客人的特殊要求，审查其是否在可以满足的范围内，会产生的影响和后果等也都要做充分评估，不能盲目答应，避免日后带来不必要的麻烦。

(五)选择航班

出境团基本都是选择飞机作为交通工具，因此计调人员在选择航班时，要对价格、性能及航班时间进行综合比较，同时还要考虑出境地点和入境地点，包括区间交通工具的选择都要配合游程的时间和舒适度。交通工具选择合理、价格公道，团队运作顺利，自然皆大欢喜。

(六)实施出境旅游计调操作

出境旅游计调操作只需按照出境计调"五掌握一规范"的操作流程进行就可以了。团队出发前，通过说明会等方式教育团员遵守国外的法律以及旅游相关规定等。需要提醒的是，一切业务往来均以书面确认为准，所有的操作单要做备份，细小的更正也要重新落实，否则因疏忽带来的损失将不可估量。

出境计调五掌握：护照、填卡、签证、国情、汇率。

掌握护照的种类，清楚哪些是商务护照，哪些是旅游的。尤其注意证照一定要相符，护照有效期一定要在半年以上。

掌握填卡填表，清楚常用出入境表格的样式和用途，以及表格上一些常用英文的中英文意思等，以免出错造成不必要的麻烦。

掌握签证的主要种类：落地签、商务签、旅游签、居住签。同时要记住每种签证的签证流程，签证方法，办理签证需要用到的资料和文件，以及签证使馆的地址、电话、联系人，建立一个专门的文档，以便查找。(出境签证常识见二维码)

出境签证常识

掌握旅游目的地国家的国情，包括旅游政策、法规、民族、宗教信仰、主要旅游景点、门票、酒店、合作单位、中国驻外使馆的联络方法等。

掌握人民币和主要国家汇率的变化，包括关注旅游目的地国家使用的币种以及人民币的流通情况。

(七)委派海外领队

海外领队是指受国家旅游行政管理部门批准的，可以经营出境旅游业务的旅行社的委派，全权代表该旅行社带领旅游团在境外从事旅游活动的工作人员。海外领队的主要工作是带领国内游客出国游览，在机场及飞机上为游客提供各种帮助，并与目的地国地接导游配合，完成游览任务，监督接待服务质量等。

(八)出团前准备工作

在旅游团出境前，计调人员还应该做以下几方面工作。

校验机票、检查出入境名单、检查是否购买个人旅游意外险、与领队交接团队资料、召开出国说明会。

(九)全程跟踪

出境团队和国内团队发生的问题不同，国内团队沟通得当容易化解矛盾，而出境团队一旦出了问题可能就不是小事，组团社"远水救不了近火"，全要依靠接待方的努力和协作。因此在团队行进过程中进行全程跟踪监控是必要的。

(十)结账归档

出境接待有地域和汇率的变化，出境计调人员在回馈信息与质量监督上一定要多留神、多询问，遇到问题要及时解决，要按照约定方式进行款项的结清和团队资料的整理归档。

出境操作十准备　　　　进出境携带物品的
　　　　　　　　　　　一般要求和注意事项

小　　结

本子情境主要介绍国内游客出境游计调人员的操作流程和注意事项，通过学习本子情境和实际演练，学生可以自主进行出境游线路设计、团队操作。

子情境二　入境游计调业务操作流程

一、下达任务

××旅行社收到来自法国巴黎旅行社的传真(见表 4-5)，请根据传真内容进行入境游计调操作。

表 4-5　法国巴黎传真

收件人旅行社：××旅行社	发件日期：2024 年 6 月 8 日
收件人姓名：××	共 1 页　　第 1 页
发件人旅行社：法国巴黎旅行社	发件人姓名：Lisa 女士

××女士：

　　您好！我社定于 2024 年 6 月 18 日向中国发一团队，计划 18 人。预乘坐 CA3867 航班于法国当地时间 22:20 起飞，到达北京时间为当地时间 6 月 19 日晚 18:00，预计在中国逗留十天，于 6 月 19 日在上海返回法国，请安排北京、西安、杭州、黄山、上海五地游，按境外豪华团接待标准报价。

　　谢谢！

二、填写任务单

任务单如表 4-6 所示。

表 4-6　任务单

小组成员：			指导教师：
任务名称：		模拟地点：	
任务描述	了解境外团队成员信息，设计体现中国独特风景魅力的线路产品		
任务资讯重点	1. 线路设计； 2. 团队入境后计调操作		
小组成果展示			

三、任务整体考核评价点

(1) 了解法国人性格特点和旅游需求。

(2) 了解当地风土人情和当地禁忌。

(3) 根据游客特点，结合我国旅游资源特点设计线路。

(4) 按照入境计调工作程序进行操作。

四、相关知识点

我国入境游计调操作流程与国内游操作流程相似，但由于语言、距离、通信上的制约，以及客源国的政策、签证、汇率、交通、文化、政治局势、自然因素等一系列原因，在进行团队计调操作时，会有一些特殊注意事项。

(一)报价

根据对方询价编排线路，以"旅行社线路报价单"提供的相应价格信息进行报价。

组团报价=地接报价+大交通价+保险+毛利

地接报价=房价+餐价+车价+门票+导游+保险+毛利

(1) 房价：房价一般根据房间等级不同，分为豪华间价、标准间价、经济间价，房间设施可分为带独立卫生间、空调及彩电(标准以上)，或公共卫生间、公共浴室(经济)。

(2) 餐价：一般也分为四个大等级。按照每人每天报价，可分为 50 元/(人·天)、45 元/(人·天)、40 元/(人·天)、35 元/(人·天)，尤其注意三星级以上高星级酒房价一般含早餐(中式早餐、西式早餐)。

(3) 车价；可整车报价，也可按人报价，一般为进口空调车、国产空调车。

(4) 门票：按照景点门市价报价，应标明为景点第一门票价格。

(5) 导服费：根据等级和人数不同分别报价，一般为 20 元/(人·天)、25 元/(人·天)、30 元/(人·天)、35 元/(人·天)，或 200 元/(团·天)、300 元/(团·天)。

(6) 大交通费用及订票费：大交通一般指火车、轮船、飞机。机票不收取订票费，各航空公司对团队都有优惠政策；火车卧铺订票费一般为 30 元/张，硬座旺季 5～10 元/张(入境团队一般不安排硬座)。

(二)计划登记

接到境外组团社书面预报计划后，将团号、人数、国籍、抵/离机(车)、时间等相关信息登记在当月团队动态表中。如遇对方口头预报，必须请求对方以书面方式补发计划，或在我方确认书上加盖对方业务专用章并由经手人签名，回传给我方作为确认文件。

(1) 旅游团的基本情况：团名、团号、组团社名称、团队人数、团队类别、服务等级、自订和代订项目、用餐、客房要求、地陪要求、全陪要求、组团社联系人姓名及联络方式、接待各方联系人的姓名及联络方式。

(2) 日程安排：游览日期，出发城市和抵达城市，各城市间交通工具及离开和抵达时间，在各地所安排的主要参观游览项目、餐饮、风味品尝、文娱活动及其他特殊要求，住宿名单(境外客人一般不安排同性同住一间房间，除非有特殊要求)。

(3) 游客名单：姓名、性别、国籍、生日、护照号码、分房要求。

(三)编制团队动态表

编制接待计划，将人数、陪同数、抵/离航班(车)、时间、住宿酒店、餐厅、参观景点、地接旅行社、接团时间及地点、其他特殊要求等逐一登记在《团队计划表》中。

(四)计划发送

向各有关单位发送计划书，逐一落实。

(1) 用房。根据团队人数、要求，以传真方式向协议酒店或指定酒店发送《订房计划书》并要求对方书面确认。如遇人数变更，及时做出《订房修订单》，以传真方式向协议酒店或指定酒店发送，并要求对方书面确认；如遇酒店无法接待，应及时通知组团社，经同意后调整至同级酒店。

(2) 用车。根据人数、要求安排用车，以传真方式向协议车队发送《订车计划书》并要求对方书面确认。如遇变更，及时做出《用车修订单》，以传真方式向协议车队发送，并要求对方书面确认。

(3) 用餐。根据团队人数、要求，以传真或电话向协议餐厅发送《订餐计划书》；如遇变更，及时做出《用餐修订单》，以传真方式向协议餐厅发送，并要求对方书面确认。

(4) 地接社。以传真方式向协议地接社发送《团队接待通知书》并要求对方书面确认；如遇变更，及时做出《接待修订单》，以传真方式向协议地接社发送，并要求对方书面确认。

(5) 返程交通。仔细落实并核对计划，向票务人员下达《订票通知单》，注明团号、人数、航班(车次)、用票时间、票别、票量，并由经手人签字；如遇变更，及时通知票务人员。

(五)计划确认

逐一落实完毕后(或同时)，编制接待《确认书》，加盖确认章，以传真方式发送至组团社并确认组团社收到。

(六)编制预算

编制团队《预算单》。注明现付费用、用途。送财务部经理审核，填写《借款单》，与《预算单》一并交部门经理审核签字，报总经理签字后，凭《预算单》《接待计划》《借款单》向财务部领取借款。

(七)下达计划

编制《接待计划》及附件。由计调人员签字并加盖团队计划专用章。通知导游人员领取计划及附件。附件包括：名单表、向协议单位提供的加盖作业章的公司结算单、导游人员填写的《陪同报告书》、游客(全陪)填写的《质量反馈单》、需要现付的现金等，票款当面点清并由导游人员签收。

(八)编制结算

填制公司《团队结算单》，经审核后加盖公司财务专用章。于团队抵达前将结算单传真至组团社，催收款项。

(九)报账

团队行程结束，通知导游员凭《接待计划》《陪同报告书》《质量反馈单》和原始票据等及时向部门计调人员报账。计调人员详细审核导游填写的《陪同报告书》，以此为据填制《团费小结单》及《决算单》，交部门经理审核签字后，再交财务部并由财务部经理审核签字，总经理签字，向财务部报账。

(十)登账

部门将涉及该团的协议单位的相关款项及时登记到《团队费用往来明细表》中，以便核对。

(十一)归档

整理该团的原始资料，每月底将该月团队资料登记存档，以备查询。

"世界旅游联盟·中西旅游对话"在马德里举办

小　　结

本子情境主要介绍国际游客入境游计调操作流程和注意事项,通过学习和实际演练,可以使学生自主进行入境游线路设计、入境团队计调操作。

子情境三　我国主要出境旅游目的地景点及线路简介

一、下达任务

请根据我国主要出境旅游目的地旅游景点的特色,进行线路设计。

二、填写任务单

任务单如表 4-7 所示。

表 4-7　任务单

小组成员:		指导教师:
任务名称:	模拟地点:	
任务描述	了解我国出境旅游目的地旅游景点的特色,设计线路	
任务资讯重点	主要考查学生对我国出境旅游目的地景点的了解,以及进行线路设计的能力	
小组成果展示		

三、任务整体评价考核点

(1) 了解我国出境旅游目的地主要景点的特色。
(2) 了解当地风土人情和当地禁忌。
(3) 根据国情和景点特色,能够自行设计有新意的旅游线路。

四、相关知识点

我国开放出境团队游试点目的地国家已达 60 个，包括欧洲多国等热门目的地国际旅游区域。

第一批 20 国出境游名单：泰国、印度尼西亚、柬埔寨、马尔代夫、斯里兰卡、菲律宾、马来西亚、新加坡、老挝、阿联酋、埃及、肯尼亚、南非、俄罗斯、瑞士、匈牙利、新西兰、斐济、古巴、阿根廷。

第二批 40 国出境游名单：尼泊尔、文莱、越南、蒙古国、伊朗、约旦、坦桑尼亚、纳米比亚、毛里求斯、津巴布韦、乌干达、赞比亚、塞内加尔、哈萨克斯坦、乌兹别克斯坦、格鲁吉亚、阿塞拜疆、亚美尼亚、塞尔维亚、克罗地亚、法国、希腊、西班牙、冰岛、阿尔巴尼亚、意大利、丹麦、葡萄牙、斯洛文尼亚、瓦努阿图、汤加、萨摩亚、巴西、智利、乌拉圭、巴拿马、多米尼加、萨尔瓦多、多米尼克、巴哈马。

我们将国际旅游区域分为：亚洲、欧洲、北美、澳洲、非洲五大旅游区。

(一)亚洲旅游区

我国公民一般常去的亚洲旅游区国家主要有东南亚诸国及韩国、日本、印度、尼泊尔等国家。

1. 亚洲旅游区常规旅游线路

泰国+新加坡+马来西亚 9 晚 10 日游，如表 4-8 所示。

表 4-8　泰国+新加坡+马来西亚 9 晚 10 日游

日　期	行程安排
第一天	于首都国际机场集合，乘机前往新加坡。抵达后入住酒店休息
第二天	早餐后前往东南亚著名的旅游度假胜地圣淘沙(1 小时)，游览新加坡最高峰花芭山，俯瞰新加坡全景，观赏离岛风光，眺望世界繁茂海港景观(40 分钟)，之后参观珠宝中心(约 1 小时)、百货店(约 45 分钟)。午餐后，参观著名的 DFS 免税店(约 1 小时)，然后过关前往马来西亚首都吉隆坡(车程约 5 小时)
第三天	早餐后，驱车前往参观国家皇宫(外观)、独立广场(40 分钟)，参加马来西亚自费项目——太子城首相官邸(外观)、水上清真寺(外观)、太子广场、国油双峰塔(2 小时)，然后前往珠宝免税店(约 1 小时)、手表店(约 1 小时)，之后前往东南亚的度假胜地——云顶高原(车程约 2 小时)，途中参观锡器工厂(约 1 小时)，再前往雪兰莪文化寨享用马来香料鸡手捉饭，同时观赏独家赠送的绚丽马来民族舞蹈表演(30 分钟)，可以与热情的马来姑娘合照留念。云顶高原度假胜地集户外乐园、室内游乐场、饭店、迪斯科舞厅于一体，可在此摆脱尘嚣、尽情欢笑。最后入住吉隆坡酒店休息
第四天	早餐后，乘车前往马六甲(车程约 3 小时)，游览三宝井、三宝庙、葡萄牙门、圣保罗教堂、荷兰红屋、荷兰广场等(约 1 小时 30 分钟)，参观当地的土特产店(约 45 分钟)、巧克力工厂(约 45 分钟)。晚餐后，返回酒店休息
第五天	机场集合乘机前往泰国首都曼谷，抵达后，专车接入酒店休息，养精蓄锐以迎接后面精彩的行程

日　期	行程安排
第六天	在酒店享用豪华早餐后，前往参观大皇宫与玉佛寺，大皇宫汇集了泰国建筑、绘画、雕刻和装潢艺术的精粹。玉佛寺与大皇宫相邻，是全泰国唯一没有僧侣住持的佛寺，但供奉着一座价值连城的国宝——玉佛，该玉佛是由整块翡翠雕成的。前往安南国会殿堂，泰国五世皇宫廷的代表性建筑，原为七世皇时代国会所在地，诗丽吉将皇室收藏的国宝，以及全国最精华的艺术品陈列其中，并开放给民众参观。午餐在金皇宫国际自助餐厅享用，各种精心制作的菜品琳琅满目。午餐后，参观阿南达沙玛空皇家御会馆，此会馆的由来是五世皇在访问欧洲时非常欣赏意大利的建筑，回国后聘请意大利著名建筑设计师专门为国王打造了这栋精美的建筑杰作。随后登昭帕耶公主号夜游湄南河，欣赏湄南河两岸五彩缤纷的灯光及迷人的夜色，并在船上品尝丰盛的豪华晚餐。夜游湄南河后前往曼谷国际五星级酒店休息
第七天	豪华早餐后，驱车前往曼谷的、具有泰国政府颁发的"安心旅游认证"的皇家珠宝中心，此处不断推出的款式最符合潮流且实用的珠宝，来满足不同年龄层、不同需求的客户，您可放心在此处随意选购。接着前往皮革展示中心，自由选购由鳄鱼皮或珍珠鱼皮制成的各式皮包、皮具。参观后享用六人一锅泰式豪华火锅——大头虾、肥牛、当季新鲜蔬菜及潮州贡丸等应有尽有。午餐后，驱车前往泰国南部有着东方夏威夷之称的著名海滨度假胜地——芭提雅。抵达后，首先展开丛林骑大象+马车游之旅，在丛林田野中骑在大象背上领略独特风光，之后乘坐马车环绕田野。接下来前往参观芭提雅三大奇观：七珍佛山仿佛一斧劈成的半山，劈面上有镶上金粉金箔的大壁佛；九世皇庙是当今国王最爱的庙宇；国宗舍利是庙中供奉着高僧的舍利子。接下来前往泰国最具特色的东芭乐园，此为景色秀丽的乡间度假胜地，园内有大型表演场，可观看泰国传统民俗歌舞表演，独特的泰拳表演及精彩有趣的大象表演(跳舞、作画、踢足球)。之后参观投资庞大的暹罗王朝 4D 立体 360° 超大银幕表演，此表演讲述泰国皇室的历史由来，例如使用立体声、光、电、合震动力等来演绎大城王朝时期与缅甸海战时的实景。晚餐特别安排享用芭提雅 A-ONE 酒店海鲜烧烤自助餐——泰国虾、螃蟹等各式海鲜无限量供应，实现"泰国海鲜吃个够"的目标
第八天	早餐后，前往泰国著名的海洋公园沙美岛展开精彩的沙美岛一日游，本段行程精心准备了沙滩躺椅，游客可在此享受日光浴，更可投身大海享受悠闲的海岛风光，您只管放松自我、尽享这世外桃源带来的温馨假期即可！返回芭提雅之后前往《杜拉拉升职记》实景拍摄地(四合镇水乡)游览，此处充满了浓郁纯朴的泰国乡村文化气息，一幢幢古色古香的木雕风格泰屋，围建于迂回的河道上形成风情独特的水上人家。返回酒店享用晚餐。餐后为您安排泰式古法按摩，消除疲惫，让您精神焕发
第九天	早餐后，自由活动，午餐自理。午餐后前往燕窝中心，选购北部特产蜂蜜乳及南部特产燕窝。之后返回曼谷用晚餐。接下来前往著名的国际连锁超五星级度假酒店——曼谷 BANYAN TREE 悦榕庄酒店，享受一晚豪华套房带来的奢华感官体验。曼谷悦榕庄位于曼谷市中心，酒店的所有套房都经过精心设计，充分展示了泰国传统文化与现代装饰相互交融的精髓。这栋 61 层高的建筑物因楼顶露天 Vertigo 餐厅和 Moon 吧而闻名。来到曼谷悦榕庄，您可尽情体验传说中泰国式的热情好客及悦榕庄一流的服务。办理入住后可前往酒店著名的 52 层酒吧享受一杯为您精心准备的饮料，站在曼谷市中心的最高点一边品尝美味的饮料一边欣赏曼谷迷人的夜色，奢华的酒店及迷人的夜色让人惊叹不已

续表

日　期	行程安排
第十天	在酒店吃完早餐后，前往参观皇家毒蛇研究中心，可选购用各种蛇类提炼而成的补身蛇药。之后前往曼谷最大、最新的国际免税中心 KING POWER，您可在此处闲逛并购买最经济实惠的烟酒、名牌服饰、手表、香水、家电等，午餐享用 KING POWER 国际海鲜自助餐，餐后前往机场办理登机手续，搭乘国际航班返回北京

2. 亚洲旅游区主要旅游景点简介

1) 新加坡圣淘沙

圣淘沙原来的名字叫作死亡岛，因为那里以前发生过一场瘟疫，只有极少数的人活下来。后来某位王子在那儿建了一座宫殿，人们又渐渐地回到了岛上，并取了一个好听的名字——圣淘沙。

圣淘沙位于新加坡本岛南部，离市中心 0.5 千米。岛上青葱翠绿，有引人入胜的探险乐园、天然幽径、博物馆和历史遗迹等，让人远离城市喧嚣。爱海的人，可以沿着沙滩享受轻松的水上活动。热爱自然的人，可游览天然人行道——龙道、海底世界、胡姬花园、蝴蝶园、世界昆虫博物馆。在历史景点方面，有西乐索炮台、海事博物馆和新加坡万象馆。

2) 马来西亚国家博物馆

马来西亚国家博物馆为国立综合性博物馆，在吉隆坡市西郊，1963 年开放，马来西亚吉打州式传统设计，门口两幅巨大的镶嵌壁画，是以马来西亚的历史和文化为主题的。馆内陈列了许多精致的工艺品和出土文物及与自然、历史、艺术和民俗有关的物品、动物标本，还有用蜡像形式展示的历代服饰和民俗。

3) 泰国皇宫

大皇宫是曼谷市内最辉煌的建筑群。它是由执政至今的拉玛王朝第一代皇帝在公元 1782 年开始兴建的，占地约 1000 平方米，是泰国王室的专用佛堂。由于现在的泰王拉玛九世已不住在这座宫内，因此泰国这座"故宫"便开放一部分供游人参观。大皇宫真是金光灿烂，美不胜收。尤其是大皇宫的建筑风格，值得细细品味，因为它是中西合璧，更融合了泰国、欧洲及中国建筑的精华。

参观皇宫的着装要求：上衣没有特别要求，但下身就较为严格，男士的裤子要没过脚踝，女士的裤子过脚踝或裙子过膝盖。皇宫的看管人员会抽查。

(二)欧洲旅游区

欧洲有 45 个国家和地区，自然和人文旅游资源众多，线路组合灵活多变。一般初次去欧洲旅游的人喜欢走欧洲 10 国或 11 国游。有过欧洲旅游经历的旅游者，一般喜欢走一国或几国深度游、自由行。

1. 欧洲旅游区常规旅游线路

德、法、荷、比、卢、瑞 9 日游如表 4-9 所示

表4-9　德、法、荷、比、卢、瑞9日游

日期	行程安排
第一天	由广州乘坐中国南方航空公司的豪华客机，于次日抵达"风车王国"荷兰阿姆斯特丹
第二天	抵达后，游览阿姆斯特丹，它是一座地势低于海平面1～5米的"水下城市"，城里河网密布，有"北方威尼斯"之称。以前整个城市的房屋都是以木桩打基，城市就像架在无数个木桩之上。游客在体验古建筑、古文化意蕴的同时，还可以感受高度的现代文明。17世纪富商的宅邸鳞次栉比，听着教堂的钟声，仿佛时光倒流，回到了黄金时代。之后继续阿姆斯特丹的市区游览，参观风车村和木鞋厂(约45分钟)、水坝广场(约15分钟)。阿姆斯特丹的钻石打磨技术也驰名于世(特别赠送荷兰库肯霍夫公园——郁金香花展门票)。前往游览比利时的首都——布鲁塞尔，它有着号称全欧最美丽的大广场(Grand Place)(约30分钟)，王宫(车览经过)在布鲁塞尔公园的附近，门前驻有皇家卫队。王宫规模虽然不大，但14世纪的建筑外观相当庄严美观。欣赏布鲁塞尔第一公民——小于莲的铜塑像(约15分钟)。之后游览原子球塔(约15分钟)，位于建国百年纪念公园中，它是将一个铁分子模型放大为两千亿倍大的建筑物，由铁架将九个铝制的大圆球连接组合，是一个超现实的现代化建筑。游览结束后入住酒店
第三天	早餐后，游览卢森堡大公国，在卢森堡的宪法广场(约20分钟)还可以观赏世界著名的风景区——卢森堡大峡谷。在宪法广场上凭栏眺望，可见到一座连接峡谷两边高地的大桥，这就是有名的阿道夫大桥。阿道夫大桥是卢森堡的市标之一，建于19世纪末至20世纪初，桥高46米、长84米，是一座由石头砌成的高架桥。前往德国金融商业中心法兰克福，游览保罗教堂和罗马广场(约30分钟)等。并到TOBOSST、APOLLO免税店选购著名的德国刀具、名牌服饰等(约55分钟)。前往德国特色啤酒店屋，它自1644年啤酒屋就一直广受欢迎，至今仍以啤酒、菜肴、地道音乐、豪饮作乐的气氛，以及当地人所穿的短皮裤驰名于世。之后入住酒店
第四天	早餐之后乘车前往瑞士，并前往被联合国教科文组织列入世界文化遗产的瑞士小镇——因特拉肯(城市游览约1小时)。这是一个拥有浓郁英国风情的湖边小镇，如世外桃源一般宁静祥和。途中欣赏图恩湖与布里恩茨湖的美景，眺望欧洲屋脊——少女峰。除了欣赏美景，您还可以到OMEGA、KIRCHHOFER(约1小时)挑选瑞士名表。游览结束后入住酒店
第五天	早餐后，继续游览因特拉肯小镇。游览结束后前往法国小镇入住酒店
第六天	早餐后，驱车前往法国巴黎。之后参观巴黎卢浮宫(约1.5小时)，它是世界上著名的、宏大的艺术宝库之一，是举世瞩目的艺术殿堂和万宝之宫。同时，卢浮宫也是法国历史上最悠久的王宫，里面的珍藏肯定能让您眼界大开。随后前往巴黎老佛爷百货自由购物(约1.5小时)。游览结束后入住酒店
第七天	早餐后，游览有"花都"美誉的巴黎，无论是城市规划、建筑还是文化艺术均可显示其一国之都的风范。穿过流光溢彩的香榭丽舍大道(约20分钟)，直达拿破仑用以标榜功绩的凯旋门(车览经过)，星星大道如彩带铺展，协和广场(车览经过)曾经的腥风血雨不复存在，埃及方尖碑直插云天。之后前往建于1886年，目前仍是巴黎最有名地标——巴黎埃菲尔铁塔外观拍照(约15分钟)。随后团队登上法国最高楼蒙帕纳斯56层大楼(1个小时，含上下楼时间)，360°俯瞰巴黎全景，花都秀色一览无余。参观法国FRAGONARD香水博物馆(约30分钟)。游览结束后入住酒店
第八天	早餐后，前往机场，乘南方航空公司的豪华专机返回广州
第九天	所有团员回程段的登机卡及护照原件要交使馆/领事馆办理返程确认。(法国领事馆最新规定：团员回国72小时内务必办理回程消签工作。)

2. 欧洲旅游区主要旅游景点简介

1) 法国巴黎凯旋门

1836年7月29日,欧洲最大的凯旋门——法国巴黎凯旋门建成。

巴黎凯旋门坐落在巴黎市中心夏尔·戴高乐广场(又称星星广场)中央,是拿破仑为纪念他在奥斯特利茨战役中大败奥俄联军的功绩,于1806年2月下令兴建的。它是欧洲100多座凯旋门中最大的一座。

巴黎凯旋门高约50米,宽约45米,厚约22米。四面各有一门,中心拱门宽14.6米。门上有许多精美的雕刻。内壁刻的是曾经跟随拿破仑东征西讨的数百名将军的名字及宣扬拿破仑赫赫战功的上百个胜利战役的浮雕。外墙上刻有取材于1792—1815年法国战史的巨幅雕像。所有雕像各具特色,同门楣上花饰浮雕构成一个有机的整体,俨然是一件精美动人的艺术品。这其中最吸引人的是刻在右侧(面向田园大街)石柱上的"1792年志愿军出发远征",即著名的《马赛曲》的浮雕,是在世界美术史上占一席之地的不朽艺术杰作。

1920年11月,在凯旋门下方建造了一座无名烈士墓。墓是平的,里面埋葬的是在第一次世界大战中牺牲的一位无名战士,他代表着在大战中死难的150万法国官兵。

凯旋门内设有电梯,可直达50米高的拱门。人们亦可沿着273级螺旋形石梯拾级而上。上去后可以看到一座小型的历史博物馆。馆内陈列着许多有关凯旋门建筑史的图片和历史文件,以及介绍法国历史上伟大人物拿破仑生平事迹的图片和558位随拿破仑征战的将军的名字。另外设有两间配有英法两种语言解说的电影放映室,专门放映一些反映巴黎历史变迁的资料片。在博物馆的顶部是一个平台,游客从这里可以远眺巴黎,鸟瞰巴黎圣母院、协和广场的卢克索方尖碑、雄伟的埃菲尔铁塔和圣心教堂等名胜。俯视凯旋门下由环形大街向四面八方伸展的十二条放射状的林荫大道。这些大道就像一颗明星放射出的灿烂光芒,因而,凯旋门又称"星门"。在十二条大道中,最著名的为香榭丽舍大道、格兰德大道、阿尔美大道、福熙大道等。

2) 英国白金汉宫

白金汉宫(Buckingham Palace),英国的王宫,建造在威斯敏斯特城内,位于伦敦詹姆士公园的西边,1703年因白金汉公爵所建而得名,最早称白金汉屋,意思是"他人的家"。

皇宫是一座四层正方体灰色建筑,悬挂着王室徽章的庄严的正门,是英皇权力的中心地。四周围上栏杆,宫殿前面的广场有很多雕像,以及由爱德华七世扩建完成的维多利亚女王纪念堂,胜利女神金像站在高高的大理石台上,金光闪闪,像是从天而降,维多利亚女王像上的金色天使,代表皇室希望能再创造维多利亚时代的光辉。宫内有典礼厅、音乐厅、宴会厅、画廊等600余间厅室。此外,占地辽阔的御花园花团锦簇、美不胜收。

3) 意大利比萨斜塔

比萨斜塔(意大利语: Torre pendente di Pisa 或 Torre di Pisa)是意大利比萨城大教堂的独立式钟楼,位于意大利托斯卡纳省比萨城北面的奇迹广场上。广场的大片草坪上散布着一组宗教建筑,它们是大教堂(建造于1063年—13世纪)、洗礼堂(建造于1153年—14世纪)、钟楼(即比萨斜塔)和墓园(建造于1174年),它们的外墙面均由乳白色大理石砌成,各自相对独立但又形成统一的罗马式建筑风格。比萨斜塔位于比萨大教堂的后面。

4) 威尼斯

威尼斯是一个美丽的水上城市,建筑在最不可能建造城市的地方——水上。威尼斯的风情总离不开"水",蜿蜒的水巷,流动的清波,好像一个漂浮在碧波上浪漫的梦,诗情画意

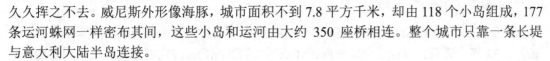

久久挥之不去。威尼斯外形像海豚，城市面积不到 7.8 平方千米，却由 118 个小岛组成，177 条运河蛛网一样密布其间，这些小岛和运河由大约 350 座桥相连。整个城市只靠一条长堤与意大利大陆半岛连接。

5) 维也纳国家歌剧院

维也纳国家歌剧院(Wiener Staatsoper)是世界上著名的歌剧院之一，也是"音乐之都"维也纳的主要象征，素有"世界歌剧中心"之称。它坐落在维也纳老城环行大道上，原是皇家宫廷剧院，其前身是 17 世纪维也纳城堡广场木结构的包厢剧院。1861 年，由奥地利著名建筑师西克斯鲍和谬尔设计督造，于 1869 年 5 月 15 日建成开幕，首场演出的是莫扎特的歌剧《唐·璜》。1955 年 11 月 5 日重新开幕，演出了贝多芬的歌剧《费得里奥》。整个剧院的面积有 9000 平方米，观众席共有六层，楼上楼下共有 1642 个座椅，背后还有 567 个站位，三层还有 100 多个包厢。剧场正中是舞台，总面积为 1508 平方米，包括 3 部分：前台、侧台和后台。舞台总高度为 53 米、深度为 50 米。舞台能自动回旋、升降、横里开阖。乐池也很宽大，可容纳 110 人的乐队。歌剧院拥有 2 个芭蕾舞练习厅和 3 个剧团练习厅、1 个 364 平方米的彩排舞台、10 个独唱演员练习室、1 个大型风琴室，还有几十个演员化妆室。歌剧院还配有一个电视电台转播室，剧场内各个位置都可收进荧屏中。

3. 北美洲旅游区主要旅游景点简介

1) 夏威夷

夏威夷有 8 个主要岛屿，还有 124 个小岛，都是火山喷发形成的。一般去夏威夷，其实就是去几个主要的岛屿，甚至有些人只去欧胡岛。欧胡岛，即檀香山(Honolulu)，所有的国际航班均降落在这个岛上，威基基是世界闻名的人工沙滩和商业街区。在冬季，这里有世界上最具挑战性的海浪。珍珠港就是位于欧胡岛上的海港。茂宜岛有沙滩、雨林、火山公园，是水上运动的圣地，这里不仅有世界上最好的浮潜及潜水地点，而且风浪运动场所也是世界上数一数二的。

2) 拉斯维加斯

拉斯维加斯(Las Vegas)是美国内华达州的最大城市，是世界知名的度假胜地之一。每年来拉斯维加斯旅游的旅客中，购物和享受美食的占大多数，专程来赌博的只占少数。

在这个多元化的城市里，除了小赌一番，这个城市也提供非常豪华的度假酒店、世界一流的大型表演、廉价但高级的晚餐、世界级的高尔夫球场、离赌城不远的水上活动场所和儿童游乐场等。

3) 纽约

纽约市是一座全球化的大都市，也是世界级城市。美国纽约与英国伦敦、日本东京并称为世界三大国际大都会。

由于联合国总部位于纽约，因此被世人誉为"世界之都"。纽约市还是众多世界级博物馆、画廊和演艺比赛场地的所在地，因此成为西半球的文化及娱乐中心之一。纽约全市由五个区组成：曼哈顿(Manhattan)、布鲁克林(Brooklyn)、皇后区(Queens)、布朗克斯(Bronxs)和斯塔滕岛(StatenIsland)。城市标志是自由女神像。

纽约著名的十大旅游景点有：帝国大厦、自由女神像、中央车站、艾利斯岛移民博物馆、洛克菲勒中心、史泰登岛渡轮、大都会博物馆、现代艺术博物馆、自然历史博物馆、中央公园等。

4) 黄石公园

黄石国家公园(Yellowstone National Park)简称黄石公园，是世界上第一座国家公园，成立于 1872 年。黄石公园位于美国中西部怀俄明州的西北角，并向西北方向延伸到爱达荷州和蒙大拿州，面积达 8956 平方千米。

黄石公园地处素有"美洲脊梁"之称的落基山脉，是美国国家公园，位于美国西部北落基山和中落基山之间的熔岩高原上，绝大部分在怀俄明州的西北部。

5) 尼亚加拉瀑布

尼亚加拉瀑布位于加拿大安大略省和美国纽约州的交界处，是北美东北部尼亚加拉河上的大瀑布，是美洲大陆著名的奇景之一，也是世界七大奇景之一。尼亚加拉瀑布一直吸引人们到此度蜜月、走钢索横越瀑布或者坐木桶漂游瀑布。美丽独特的自然景观渐渐成为尼亚加拉瀑布引人入胜的地方。

尼亚加拉瀑布是一幅壮丽的立体画卷，从不同的角度观赏，有不同的感受。由于水量大，溅起的浪花和水汽有时高达 100 多米，人稍微站得近些，便会被浪花溅得全身是水，若有大风吹过，水花可吹及很远，如同下雨。冬天时，瀑布表面会结一层薄薄的冰，这时瀑布便会寂静下来。当阳光灿烂时，会产生折射效果，便会营造出一座甚至好几座彩虹桥。

6) 旺市

旺市为加拿大安大略省的一座城市，位于多伦多以北的约克区，亦是大多伦多地区的一部分，1971 年设镇，于 1991 年升格成旺市。这座城市为多伦多地区第五大城市，加拿大第 17 大城市。

旺市最知名的博物馆为加拿大足球名人堂和博物馆，名人堂以展示为加拿大足球事业作出杰出贡献的球员为主，博物馆的馆藏约 5000 件，展出球员所获得的奖杯、奖章等。奇幻乐园为加拿大第一个主题公园，同时也是最大、最受欢迎的乐园，因而人们经常将之誉为"加拿大的迪士尼乐园"，园内设有 200 多种有趣的游玩项目。爬行动物园(Reptilia)面积可达 1400 平方米，为加拿大最大的爬行动物园，生活有 53 种大型爬行动物，包括鳄鱼、扁颈眼镜蛇、蟒蛇、七彩斑斓蛙、响尾蛇等。

4. 澳大利亚旅游区主要旅游景点简介

1) 布里斯班

布里斯班(Brisbane)是澳大利亚第三大城市、全国最大海港、昆士兰州首府，位于布里斯班河下游两岸，市中心距河口 25 千米。西面已和伊普斯威奇连成一片，东面则扩至自雷德克利夫与雷德兰之间的沿海岸地区，面积 2494 平方千米，人口约 112 万。大分水岭以西的达令低丘草地，是小麦、亚麻、羊和奶制品产地。新利班区(Sunnybank)南区有华埠、亚洲百货商圈，又称"小台北"；邻近格里菲斯大学内森主校区的河滨步道(Riverside)有跳蚤市场；布里斯班国际机场是从澳东地区前往热带地区的中转站，搭乘火车可以直达凯恩斯、黄金海岸、阳光海岸、春溪国家公园等旅游胜地。另外，布里斯班亦是驱车直通澳大利亚内陆第二大城图翁巴甚或前往昆士兰西南部的要冲。

2) 大堡礁

大堡礁(Great Barrier Reef)是世界上最大、最长的珊瑚礁群，位于南半球，纵贯于澳洲的东北沿海，北起托雷斯海峡，南到南回归线以南，绵延伸展共有 2011 千米，最宽处 161 千米。它是世界七大自然景观之一，也是澳大利亚人最引以为豪的天然景观，又被称为"透明清澈的海中野生王国"。大堡礁有 2900 个大小珊瑚礁岛，自然景观非常特殊，在落潮时，部分珊瑚礁露出水面形成珊瑚岛，在礁群与海岸之间形成一条极方便的交通海路。风平浪静时，游船在此间通过，船下连绵不断的多彩多姿的珊瑚景色，就成为吸引世界各地游客来猎奇观赏的最佳海底奇观。

3）黄金海岸

著名的昆士兰黄金海岸位于澳大利亚的东部沿海，是一处绵延 42 千米、由数十个美丽沙滩组成的度假胜地。这里是"浪漫+刺激"的代名词，是华纳电影城的电影场景大还原，有海底世界的海豚表演，梦幻世界的嘉年华。在黄金海岸冲浪也是一项对游客极具吸引力的水上活动。此外，还可以到天堂农庄(Paradise Country)去体验澳洲最原始的生活方式，在户外喝着茶欣赏当地人剪羊毛与牧羊犬赶羊的表演。

小　　结

此子情境主要是对国际旅游区的主要旅游景点进行简要介绍，目的是让学生在进行线路设计时，了解景点常识，以便更好、更科学地进行线路设计。

思考与能力训练

一、简答题

1. 护照的种类有哪些？
2. 欧洲旅游区的主要旅游景点有哪些？
3. 简述在国际游中，国内组团计调工作程序。
4. 填写活页与附录中相关任务单和评量表。

二、实训题

实训 1

美国名校历史文化游 14 天

哈尔滨某高中组织学生对美国名校进行访问旅游，请负责接待。

任务要求：请按以上要求做好线路设计和相应活动安排，迅速给出报价。

按出境计调接待工作流程进行，小组自行设计情节，进行仿真模拟。

具体行程安排参考

第一天　上海—东京—旧金山(1109+5131 英里)13 小时左右。

行程：乘坐美西北航班经东京转机，飞往美国西海岸城市旧金山，抵达后由我社专人代表负责接机，并安排入住当地酒店休息，调整时差。

用餐：中式午餐/中式晚餐。

住宿：Days Inn 或同级。

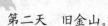 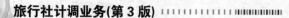
第二天　旧金山。

行程：上午，参观斯坦福大学。斯坦福大学被《美国新闻与世界报道》评为全美第 5
名明星级大学，全美学术水平排在第一。下午，先参观英特尔博物馆，后参观旧金山市标
志性建筑物——金门大桥，游览渔人码头和艺术宫等。

用餐：早餐/中式午餐/中式晚餐。

住宿：Days Inn 或同级。

第三天　旧金山—明尼阿波利斯—波士顿(1586+1121 英里) 6.5 小时左右。

行程：早晨乘机离开旧金山经明尼阿波利斯转机，飞往美国众多著名学府所在地的波
士顿，抵达后专人接机，送入酒店休息。

用餐：早餐。

住宿：Holiday Inn 或同级。

第四天　波士顿。

行程：上午，参观著名的哈佛大学。哈佛大学是美国最早的私立大学之一，历史上，
哈佛大学的毕业生中共有 6 位曾当选为美国总统。他们是约翰·亚当斯(美国第二任总统)、
拉瑟福·海斯、西奥多·罗斯福、富兰克林·罗斯福和约翰·肯尼迪。哈佛大学的教授团
中总共产生了 34 名诺贝尔奖得主。下午，参观著名的麻省理工学院。麻省理工学院是美国
培养高级科技人才和管理人才、从事科学与技术教育与研究的一所私立大学。其林肯实验
室、计算机科学及人工智能实验室、媒体实验室和斯隆管理学院十分著名。有 59 位诺贝尔
奖得主曾在麻省理工学院学习或工作过。

用餐：早餐/中式午餐/中式晚餐。

住宿：Holiday Inn 或同级。

第五天　波士顿—纽约(204 英里) 4 小时左右。

行程：早上乘车前往纽约，途中参观著名的耶鲁大学。耶鲁大学是著名的私立大学，
在美国历史最悠久的大学中排行第三。傍晚抵达纽约，入住酒店。

用餐：早餐/中式午餐/中式晚餐。

住宿：Holiday Inn 或同级。

第六天　纽约。

行程：上午，参观普林斯顿大学。普林斯顿大学作为全美第四古老的学府，拥有著名
的学者和世界领先的核能实验室，以及 450 万册藏书。在众多学科中以数学、哲学和物理
最为有名(伟大的爱因斯坦就在这所大学中度过其生命中最后 22 年的宝贵时光，著名的华人
科学家杨振宁教授也曾在此学习过)。下午，参观联合国总部大厦、华尔街股票交易所和纽
约中央公园等。

用餐：早餐/中式午餐/中式晚餐。

住宿：Holiday Inn 或同级。

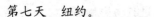

第七天　纽约。

行程：上午，访问哥伦比亚大学，了解该校特色及招生情况(它位于纽约市中心，于1754年成立，属美国常青藤八大盟校之一)。哥伦比亚大学的教育偏重智力开发和综合培养，在众多学科中以医学、法律和MBA最为有名。下午，游览自由女神岛、第五大道、百老汇大街和时代广场等。

用餐：早餐/中式午餐/中式晚餐。

住宿：Holiday Inn 或同级。

第八天　纽约—费城—华盛顿 (109+139 英里) 5 小时左右。

行程：上午，驱车前往费城，这里是美国独立的发源地，著名的《独立宣言》就诞生在这里，参观独立宫和自由钟等历史文物。下午，参观美国白宫和国会大厦。

用餐：早餐/中式午餐/中式晚餐。

住宿：Comfort Inn 或同级。

第九天　华盛顿。

行程：上午，参观美国国家自然博物馆，学习自然知识及相关词汇。下午，游览美国宇航馆，学习航天知识及相关词汇。

用餐：早餐/中式午餐/中式晚餐。

住宿：Comfort Inn 或同级。

第十天　华盛顿。

行程：上午，参观著名的乔治城大学(它创建于1789年，是美国最古老的大学之一，以古老的建筑和严谨的校风闻名。在众多学科中以现代项目管理学位教育和专业证书培训最为有名。美国前总统克林顿、菲律宾总统阿罗约等名人都是乔治城大学的校友。下午，来到风景秀丽的波多马克河畔，参观华盛顿纪念碑、林肯纪念堂、杰弗逊纪念堂，以及越战纪念碑，了解美国战争历史。

用餐：早餐/中式午餐/中式晚餐。

住宿：Holiday Inn 或同级。

第十一天　华盛顿—洛杉矶 (394+1984 英里) 6.5 小时左右。

行程：早晨乘机飞往西海岸城市洛杉矶，抵达后游览迪士尼乐园。其节目内容之丰富、精彩，不胜枚举，有360°立体电影、白雪公主城堡、小小世界、恐怖鬼屋、非洲蛮荒探险、加勒比海海盗船、潜水艇、著名的立体电影，以及刺激万分的云霄飞车、太空山。更可与法柜奇兵一起去历险及寻宝！新奇有趣，令您永难忘怀！

用餐：早餐/中式晚餐。

住宿：Crystal Park 或同级。

第十二天　洛杉矶。

行程：全日游览全世界最大的电影制片厂——"好莱坞环球影城"。造访好莱坞，仿佛置身神奇的电影银幕世界中，让您亲身体会"回到未来""侏罗纪公园""火科技""ET""终结者Ⅱ""水世界""木乃伊墓穴",以及乘坐环球影城游览车进行摄影棚巡礼。然后游览好莱坞明星大道、文氏中国戏院等。

用餐: 早餐/中式午餐/中式晚餐。

住宿: Crystal Park 或同级。

第十三天　洛杉矶—东京(5459 英里) 11.5 小时左右。

行程: 早餐后搭乘国际航班,经东京转机返回上海。

用餐: 早餐。

住宿: 飞机上。

第十四天　东京—上海(1109 英里) 2.5 小时左右。

行程: 抵达上海,结束愉快的旅行。

报价

价格: RMB 29800/人　　单人房差: USD 45/(夜·间)

以上报价包含:

1. 美国签证费及签证服务。

2. 境外国际和境内段机票及税金。

3. 城市间交通,旅游观光用车。

4. 行程中所列的旅游景点门票(环球影城、自由女神、联合国)。

5. 每日膳食(正餐以中餐为主或中式自助,桌餐为六菜一汤),内路段飞机上、转机和飞机上除外。

6. 全程入住三星级酒店,双人标准间。

7. 专职中文司机兼导游服务。

8. 旅游意外人身保险。

以上报价不包含:

1. 护照相关费用。

2. 邀请函,公务活动,公务活动期间翻译费用。

3. 美国平均每日工作时间为 10 小时,司机及导游超时加班费另付。

4. 行程以外的任何额外附加费用;个人一切杂费,包括洗衣费、电话费、理发、饮料、烟酒、付费电视、行李搬运费等私人费用;个人消费所引起的小费;出入境的行李海关课税,超重行李的托运费、管理费等。

5. 司机和导游小费(每天 6 美元/人)。

6. 在境外期间,除出团前 3 天提前说明外,客人放弃用餐,不予退款。

7. 在境外期间,中途擅自离团、退团,费用不退。

备注:

1. 如遇人数变更,航空公司票价变更,大型展会及周末期间,价格有所调整! 我社保留因特殊情况适当调整行程的权利! 机场候机/转机时间内用餐由客人自理! 以上行程为参考行程,请以最终确认为准!

2. 如遇不可抗拒的客观原因,非我公司原因(如天灾、战争、罢工等),航空公司航班延

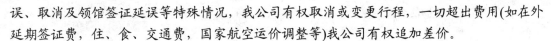

误、取消及领馆签证延误等特殊情况，我公司有权取消或变更行程，一切超出费用(如在外延期签证费，住、食、交通费，国家航空运价调整等)我公司有权追加差价。

3. 敬请各位客人尊重当地习俗，每人每天付 6 美元小费。

4. 如因客人自身原因导致出入境出现问题，我公司不承担任何责任。

实训 2

哈尔滨有一个 22 人的团要在 7 月中旬走韩国和日本连线旅游。请问大概需要几天往返？主要有哪些景点？请设计一个线路，并做出一个完整的行程报价和安排。

实训 3

目前亚洲的海岛自由行一般有哪些大岛？请就一个岛屿的具体情况进行说明，并设计一条线路，计算行程报价。

实训 4

请搜集其他国际旅游市场主要旅游景点知识，参照示例 1 设计出旅游线路。

示例 1　神往南极 15 天

实训 5

为拓展业务，贵社现设计日本东京、富士山、名古屋深度六日游线路。线路见表 4-1。

(1) 现有询价的客人，请模拟接待。

(2) 有 24 位客人已经决定参加此旅游项目，请负责计调工作，撰写出团通知书，填写出境通知单。

(3) 出行日期为 2024 年 1 月 4 日至 7 日，于哈尔滨出境。

团队确认单

现收到贵社预定，共__人参加我社_____旅游团，请贵社确认如下内容：

一、团队情况

1. **日期**：此团队将于____日由____口岸乘坐____航班出发前往____，并于____日由____乘坐航班返回_____。

2. **价格**：团费为____元/人，总计____元，所含项目请参照《行程单》，以上费用请于____年 __月__日前一次性付清。上述价格不含旅游人身意外险、单房差及个人消费等费用。

特别声明：客人如果材料真实在交完全款后签证拒签，我社将客人已交的团款全部退还贵社；如客人在交完团款后自身原因退团，则按此确认单第三条退团损失执行；贵社应在递签前交齐全款并回传此确认，如客人在递签前未支付全款和回传确认，我社将视为客人自动放弃行程，客人材料我社将不予递签，并收取相关损失费，请贵社与客人提早说明。为维护双方利益，贵社应保证与参团客人订立合同时，在作为合同附件的行程及补充协议书上的签字处签字盖章，否则由此产生的一切责任由贵社承担。担保需出团前交至我社，如无法交至我社，我社有权终止所有操作。望贵社理解。

二、签证条件

1. 此团的送签日期为_____，客人的签证所需材料请于送签日期前一工作日交至我社。

2. 对于无滞留倾向的客人,我社收取贵社为客人担保的每人 15 万的公章加签字的担保书原件作为担保。

3. 我社保留对个别客人收取 10 万元至 15 万元人民币赔偿金的权利,如若我社决定收取客人赔偿金,我社将于送签前通知贵社,并以传真形式发给贵社《赔偿金通知单》,若客人同意交赔偿金,请贵社在《赔偿金通知单》上盖章确认,并请于团队出发前三日内将违约金交至我社,交款时我社将与贵社签定《担保书》,以确保双方利益不受损失。

4. 对于个别有"严重滞留倾向"的客人,我社将不予送签,其界定标准由我社自行掌握,请贵社予以理解。届时会将此客人的所有材料退给贵社,我社无经济损失,我社也不承担因退回材料给贵社及客人造成的任何经济损失;即使客人出签我社仍有"无条件判定客人是否滞留"的权利,如因我社为杜绝滞留而拒绝接待该客人出境,损失由我社承担。

三、退团

1. 如旅游者因自身原因在团队出发前 14 日至 7 日退团,按旅游费用总额的 20%扣除团款,于出团前 6 日至 4 日退团,按旅游费用总额的 70%扣除团款,出团前 3 日至 1 日退团,按旅游费用总额的 95%扣除团款。

2. 客人于出团当日退团,按旅游费用总额的 100%扣除团款。

3. 如因贵社变更或取消参团,所有责任及全部损失由贵社承担。

四、其他条款

1. 若贵社未按本《团队确认单》第一条第 2 款的约定支付团款,我社将视客人自动放弃行程,并且按第三条第 1、第 2 款收取费用。

2. 如因客人提供材料存在问题或者其他自身原因被有关机关拒签、缓签、拒绝入境、出境的,相关责任和费用由客人自行承担,我社不承担任何责任。

3. 为维护旅游者自身权益,建议旅游者自行购买旅游人身意外伤害保险。

4. 根据《中华人民共和国旅游法》第十六条规定:"随团出境的旅游者不得擅自分团、脱团。"如果游客在境外私自分团、脱团,我社将视为客人自动解除合同,所有旅游费用不予退还,给我社造成损失的,我社将追究贵社及旅客的赔偿责任。

5. 贵社保证提供给我社的所有材料(包括客人资料及贵社与客人签字确认的行程单等)真实有效,复印件与原件一致并具有同样效力。

6. 客人境外亲属及朋友不允许私自上旅游巴士,如出现此情况所导致的一切后果将由客人全部负责。

7. 贵社确认在收客时已按国家旅游管理部门相关规定向游客做好出境旅游说明,以维护旅游者权益和国家形象。

8. 我社可提供发票,贵社如需开发票,请务必最晚在发团之日起一个月之内一次性开完,否则过期无效,概不提供。

9. 补充内容。

(可根据自己团队情况补充相应内容。)

请贵社仔细阅读上述条款,如无异议,请在下方签字、盖章确认,并用传真回传我社,谢谢!
　　　　同意上述条款!

　　　　　　　　　　　　国际旅行社有限公司

　　盖章、确认人:_____　　　　　　　　　____年___月___日

附录 A 旅行社计调评量表

表 A-1 导游人员任务派遣单

<table>
<tr><td rowspan="3">委托书</td><td>名　称</td><td></td><td>委托人</td><td></td></tr>
<tr><td>地　址</td><td></td><td>电　话</td><td></td></tr>
<tr><td>备　注</td><td></td><td>委托日期</td><td></td></tr>
<tr><td rowspan="4">导游人员</td><td>姓　名</td><td></td><td>姓　别</td><td></td></tr>
<tr><td>导游证号</td><td></td><td>语　种</td><td></td></tr>
<tr><td>电　话</td><td></td><td>其他说明</td><td></td></tr>
<tr><td>备　注</td><td colspan="3"></td></tr>
<tr><td rowspan="2">导游任务</td><td rowspan="2">出团时间</td><td rowspan="2"></td><td colspan="2">具体线路与任务</td></tr>
<tr><td colspan="2"></td></tr>
</table>

表 A-2 旅游团队行程计划

地陪：

组团社：		团号：			人　数：	
领队：		酒店：		现付/签单：	房间数：	
接团标志(社旗/接站牌)						
乘飞机( )抵( )						
乘飞机( )离( )						

活动日程	餐标/元	就餐地点	联系电话
第一天	早：		
	中：		
	晚：		
第二天	早：		
	中：		
	晚：		
第三天	早：		
	中：		
	晚：		
第四天	早：		
	中：		
	晚：		

车型： 车号：	现付/签单：现付	
司机： 电话：		
地陪： 电话：	计调： 电话：	

表 A-3　订房确认单

收件人		发件人	
电　话		电　话	
传　真		传　真	
联系人		联系人	
时　间		客源地	
人　数		导　游	
标　间			
豪华标间			
大　床			
豪华大床			
总　计			
备　注			

表 A-4　地接结算单

年　　月　　日　　　　　　　　　　　单位：元/人

团号：		客源地：	人数：	日期：	
	项　目				金　额
	第一门票				
项目服务费	餐　费				
	房　费				
	全　陪				
	汽车费				
	火车票				
	订票费				
	小　计				
	备　注				

表 A-5　实训 1 任务单

地陪：

组团社：	团号：		人　数：
领队：	酒店：	现付/签单：	房间数：
接团标志(社旗/接站牌)			
乘飞机(　　　　　)抵(　　　　　)			
乘飞机(　　　　　)离(　　　　　)			

活动日程	餐标/元	就餐地点	联系电话
第一天	早：		
	中：		
	晚：		
第二天	早：		
	中：		
	晚：		
第三天	早：		
	中：		
	晚：		
第四天	早：		
	中：		
	晚：		

车型：	车号：	现付/签单：现付
司机：	电话：	
地陪：	电话：	计调：　　　　电话：

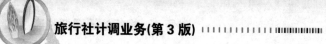

表 A-6　实训 2 任务单

国际旅行社导游人员任务派遣单

委托书	名　称	国际旅行社		委 托 人	
	地　址			电　话	
	备　注			委托日期	
导游人员	姓　名			姓　别	
	导游证号			语　种	
	电　话			其他说明	
	备　注				
导游任务	出团时间	具体线路与任务			

表 A-7 内地(大陆)游计调实作评量表

单元一 内地(大陆)游计调实作评量表

姓名: 班级: 日期:

小组名称:

各位同学:

内地(大陆)游计调主要是考察对旅行社计调岗位进行认知,以及收集哈尔滨主要旅游景点、饭店、餐饮信息的能力。学生学习后需完成自由人或散客来本地旅游、本地游客赴外地旅游的单项业务操作;设计内地(大陆)游线路;建立多层次、多渠道的采购协作网络。

【任务一】: 贵社在哈尔滨某商务酒店前厅内设立了门市,每天有外地游客来询问黑龙江旅游线路,请根据黑龙江省的实际情况,设计三条不同的旅游线路。

【任务二】: 外来函电处理

姓名:	班级:	小组名称:	日期:		
评量项目:港澳台旅游线路设计		评量结果			
		自评		老师	
作业内容完成情况(40 分)					
作业评量标准(40 分)					
评量标准	A(10 分)	B(8 分)	C(6 分)	D(4 分)	E(0 分)
1. 资料收集情况(10 分)	主要旅游景点、饭店、餐饮信息等内容完整,阐述具体	主要旅游景点、饭店、餐饮信息等内容较完整,阐述较具体	主要旅游景点、饭店、餐饮信息等内容欠完整,阐述欠具体	主要旅游景点、饭店、餐饮信息等内容不完整,阐述不具体	没写作业
2. PPT 制作(10 分)	图片精确,文字精练,布局合理,结构完整	图片精确,文字精练,布局合理,结构完整。任一项不达要求	图片精确,文字精练,布局合理,结构完整。任两项不达要求	图片精确,文字精练,布局合理,结构完整。任三项不达要求	没完成
3. 语言表达能力(10 分)	讲述流畅,语速适宜,用字精准,注重听众	讲述流畅,语速适宜,用字精准,注重听众。任一项不达要求	讲述流畅,语速适宜,用字精准,注重听众。任两项不达要求	讲述流畅,语速适宜,用字精准,注重听众。任三项不达要求	没完成
4. 团队协作情况(10 分)	沟通高效,任务分配合理,合作顺利	沟通有效,任务分配适当,合作顺畅	沟通平淡,任务分配适当,合作一般	团队成员之间不能合作	没完成

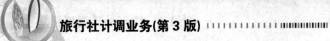

表 A-8 "单元一 内地(大陆)游计调任务二"作业评量表

[外来函电处理实作评价]——课堂任务评量表

姓名： 组别： 小组名称：

各位同学：

请针对下列评量项目并参照以下"评量标准"，选择"A、B、C、D、E"自行评定学习作业成绩。此评量表结合小组互评和老师复评，期末汇总到实作评量成绩中。

评量标准	A(25~30分)	B(21~24分)	C(11~20分)	D(6~10分)	E(0~5分)
函电撰写	正确无误地理解外来函电的内容，回复函电的内容表达明确、逻辑清楚、构架完整	正确无误地理解外来函电的内容，回复函电的内容表达尚可、逻辑正确、构架完整	可以理解外来函电的内容，回复函电的内容表达部分不明、逻辑需要加强	需要与对方反复确认后才能理解外来函电的内容，回复函电的内容表达不清、逻辑欠佳、缺乏部分构架	无法说明任何主题
报价计算	可以根据对方要求，迅速完成相应服务单项报价的计算，并能根据实际情况，给出合理的总体折扣	可以根据对方要求，迅速完成相应服务单项报价的计算，并能根据实际情况，给出总体折扣	可以根据对方要求，完成相应服务单项报价的计算，并能算出总体报价	可以完成相应服务单项报价的计算	不能够分析问题，无解决方案

评量项目	小组互评与老师复评(A~E)	
	小组互评	老师复评
1. 函电撰写：30%		
2. 报价计算：30%		
总 分		

表 A-9　港澳台游计调实作评量表

港澳台游计调实作评量表

姓名：	班级：	日期：

小组名称：

个人贡献度：	单元总分	

各位同学：

　　本单元港澳台游计调主要考查学生对港澳台地区政策法规知识的掌握；港澳台地区交通、住宿、餐饮、参观游览、文娱、购物、签证办理、旅游保险业务等方面业务知识。能够进行港澳通行证的办理程序；能够根据人民币与目的地)的汇率进行货币兑换。

　　经过上一个单元的学习和实训，这个单元的任务难度会有所加大，老师的参与会减少，学生的主动性会加强。除了基本业务的操作外，还会在任务中加上一些突发事件和其他业务的训练。

　　【任务一】：设计台湾、香港、澳门地区旅游线路(可附页)。

　　【任务二】：1. 根据散客的需要，将不同的台湾游和港澳游组合成一个产品进行销售和计调工作；

　　2. 贵旅行社现接到一团队客人，共计 36 个成人、2 个婴儿、5 个小孩、4 个中学生，他们欲前往港澳地区进行为期 6 天的旅游，请帮助他们进行组团计调业务操作。

　　请根据"评量标准"，完成以上两个任务，完成第一个任务满分 40 分，完成第二个任务满分 60 分。

表 A-10　港澳台游线路设计评量表

姓名：	班级：	小组名称：	日期：

评量项目：港澳台旅游线路设计	评量结果	
	自评	老师

作业内容完成情况(40 分)

作业评量标准(40 分)

评量标准	A(10 分)	B(8 分)	C(6 分)	D(4 分)	E(0 分)
1. 资料收集情况(10 分)	主要旅游城市、主要景区、民族民俗、风物美食等内容完整，阐述具体	主要旅游城市、主要景区、民族民俗、风物美食等内容较完整，阐述较具体	主要旅游城市、主要景区、民族民俗、风物美食等内容欠完整，阐述欠具体	主要旅游城市、主要景区、民族民俗、风物美食等内容不完整，阐述不具体	没写作业
2. PPT 制作(10 分)	图片精确，文字精练，布局合理，结构完整	图片精确，文字精练，布局合理，结构完整。任一项不达要求	图片精确，文字精练，布局合理，结构完整。任二项不达要求	图片精确，文字精练，布局合理，结构完整。任三项不达要求	没完成
3. 语言表达能力(10 分)	讲述流畅，语速适宜，用字精准，注重听众	讲述流畅，语速适宜，用字精准，注重听众。任一项不达要求	讲述流畅，语速适宜，用字精准，注重听众。任两项不达要求	讲述流畅，语速适宜，用字精准，注重听众。任三项不达要求	没完成
4. 团队协作情况(10 分)	沟通高效，任务分配合理，合作顺利	沟通有效，任务分配适当，合作顺畅	沟通平淡，任务分配适当，合作一般	团队成员之间不能合作	没完成

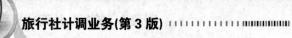

表 A-11　港澳台游计调操作评量表

港澳台游计调　任务二港澳台游计调操作评量表				
姓名：　　　　组别：　　　　小组名称：				
各位同学： 　　请针对下列评量项目并参照以下"评量标准"，选择"A、B、C、D、E"自行评定学习作业成绩。此评量表结合小组互评和老师复评，期末汇总到实作评量成绩中。				
评量标准	A(25～30分)	B(21～24分)	C(11～20分)	D(6～10)	E(0～5分)
散客操作	正确无误地理解外来函电的内容，回复函电的内容表达明确、逻辑清楚、构架完整，线路设计合理新颖，报价计算准确、快速；各种单据填写准确、干净、无误、完整；归档科学	正确无误地理解外来函电内容，回复函电的内容表达尚可、逻辑正确、构架完整，线路设计合理新颖，报价计算准确；各种单据填写准确、无误、完整；归档科学	可以理解外来函电的内容，回复函电的内容表达部分不明，逻辑需要加强，缺乏部分架构，线路设计合理，报价计算准确；各种单据填写准确、完整；归档	需要与对方反复确认后才能理解外来函电的内容，回复函电的内容表达不清、逻辑欠佳、缺乏部分构架，线路设计有欠缺，报价计算时间长；单据填写不完整；没有归档	无法按说明完成任务
团队操作	正确无误地理解外来函电的内容，回复函电的内容表达明确、逻辑清楚、构架完整，线路设计合理新颖，报价计算准确、快速；各种单据填写准确、干净、无误、完整；归档科学	正确无误地理解外来函电的内容，回复函电的内容表达尚可、逻辑正确、构架完整，线路设计合理新颖，报价计算准确；各种单据填写准确、无误、完整；归档科学	可以理解外来函电的内容，回复函电的内容表达部分不明，逻辑需要加强，缺乏部分架构，线路设计合理，报价计算准确；各种单据填写准确、完整；归档	需要与对方反复确认后才理解外来函电的内容，回复函电的内容表达不清、逻辑欠佳、缺乏部分构架，线路设计有欠缺，报价计算时间长；单据填写不完整；没有归档	无法按说明完成任务
评量项目		小组互评与老师复评(A～E)		
		小组互评	老师复评	
1. 散客操作：30%				
2. 团队操作：30%				
总　　分				

表 A-12　国际游计调实作评量表

国际游计调实作评量表		

姓名：　　　　　　　　班级：　　　　　　　　日期：

小组名称：

个人贡献度：	单元总分	

各位同学：

　　本单元主要考查学生对我国主要客源国和出境国政策法规知识掌握，主要出境旅游国家和客源国交通、住宿、餐饮、参观游览、文娱、购物、签证办理、旅游保险业务等方面业务知识。

　　经过上两个单元的学习和实训，这个情境的操作任务难度是最大的，老师几乎不参与，完全发挥学生的主动性。除了基本业务的操作外，还会在任务中加上一些突发事件和其他业务的训练。

　　【任务一】：出境出团通知单撰写(30 分)。

　　【任务二】：1. 欧洲、美洲、南亚主要旅游线路设计(40 分)。

　　2. 请小组根据自己设计的线路，为此团队安排相应的行程和接待计划。团队性质：品质团；住宿标准：四星或同等标准；团队人数：26 人，包括一名全陪(30 分)。

　　请根据"评量标准"，完成以上两个任务，完成第一个任务满分 30 分，完成第二个任务满分 70 分。

表 A-13　"国际游计调任务一"作业评量表

[出境出团通知单撰写实作评价]——课堂任务评量表				

姓名：　　　　组别：　　　　小组名称：

各位同学：

　　请针对下列评量项目并参照以下"评量标准"，选择"A、B、C、D、E"自行评定学习作业成绩，此评量表结合小组互评和老师复评，期末汇总到实作评量成绩中。

评量标准	A(25～30 分)	B(21～24 分)	C(11～20 分)	D(6～10 分)	E(0～5 分)
出团通知单撰写	思路清晰，知识总结全面准确	思路较清晰，知识总结较为全面准确	思路较模糊，知识总结较为片面，存在部分错误	思路模糊，知识总结不全面、不准确	没有完成作业

评量项目	小组互评与老师复评(A～E)	
	小组互评	老师复评
出团通知单撰写：30%		

表 A-14　国际旅游线路设计评量表

姓名：	班级：		小组名称：		日期：	
评量项目：国际旅游线路设计			评量结果			
			自评		老师	
作业内容完成情况(40 分)						
作业评量标准(40 分)						
评量标准	A(10 分)	B(8 分)	C(6 分)	D(4 分)		E(0 分)
1. 资料收集情况(10 分)	主要旅游城市、主要景区、民族民俗、风物美食等内容完整，阐述具体	内容较完整，阐述较具体	内容欠完整，阐述欠具体	内容不完整，阐述不具体		没写作业
2. PPT 制作(10 分)	图片精确，文字精练，布局合理，结构完整	图片精确，文字精练，布局合理，结构完整　任一项不达要求	图片精确，文字精练，布局合理，结构完整　任二项不达要求	图片精确，文字精练，布局合理，结构完整　任三项不达要求		没完成
3. 语言表达能力(10 分)	讲述流畅，语速适宜，用字精准，注重听众	讲述流畅，语速适宜，用字精准，注重听众　任一项不达要求	讲述流畅，语速适宜，用字精准，注重听众　任二项不达要求	讲述流畅，语速适宜，用字精准，注重听众　任三项不达要求		没完成
4. 团队协作情况(10 分)	沟通高效，任务分配合理，合作顺利	沟通有效，任务分配适当，合作顺畅	沟通平淡，任务分配适当，合作一般	团队成员之间不能合作		没完成

表 A-15　国际游团队计调操作评量表

国际游计调　任务二国际游计调操作评量表

姓名：	组别：	小组名称：

各位同学：

　　请针对下列评量项目并参照以下"评量标准"，选择"A、B、C、D、E"自行评定学习作业成绩。此评量表结合小组互评和老师复评，期末汇总到实作评量成绩中。

评量标准	A(25～30 分)	B(21～24 分)	C(11～20 分)	D(6～10)	E(0～5 分)
团队操作	正确无误理解外来函电内容，回复函电的内容表达明确、逻辑清楚、构架完整，线路设计合理新颖，报价计算准确、快速；各种单据填写准确、干净、无误、完整；归档科学	正确无误理解外来函电内容，回复函电的内容表达尚可、逻辑正确、构架完整，线路设计合理新颖，报价计算准确；各种单据填写准确、无误、完整；归档科学	可以理解外来函电内容，回复函电的内容表达部分不明、逻辑需要加强、缺乏部分架构，线路设计合理，报价计算准确；各种单据填写准确、完整；完成归档	需要与对方反复确认后才理解外来函电内容，回复函电的内容表达不清、逻辑欠佳、缺乏部分构架，线路设计有欠缺，报价计算时间长；单据填写不完整；没有归档	无法按说明完成任务

评量项目	小组互评与老师复评(A～E)	
	小组互评	老师复评
团队操作：30%		
总　　分		

附录 B 中华人民共和国旅游法(节选)

扫一扫，了解《中华人民共和国旅游法》

参 考 文 献

[1] 孙奕. 旅行社计调业务[M]. 上海：上海交通大学出版社，2011.

[2] 师清波，阚玉丽，刘秀丽. 旅行社经营与管理[M]. 北京：中国铁道出版社，2012.

[3] 张建融. 旅行社运营实务[M]. 北京：中国劳动社会保障出版社，2009.

[4] 方颖，魏凯. 导游基础知识应用[M]. 上海：上海交通大学出版社，2011.

[5] 周晓梅，成志湘，何建英. 旅行社经营管理[M]. 重庆：重庆大学出版社，2008.

[6] 郭春慧，王秀霞，谢健宏. 旅行社计调实务[M]. 上海：复旦大学出版社，2010.

[7] 周晓梅. 计调部操作实务[M]. 北京：旅游教育出版社，2006.

[8] 熊晓敏. 旅行社 OP 计调手册[M]. 北京：中国旅游出版社，2007.

[9] 王杨，褚秀彩，贾士义. 旅行社经营管理实务[M]. 北京：清华大学出版社，2009.